로마의 박해와 영지주의 영향으로 예수 그리스도가 왜곡되던 시절에 다른 복음이 무엇인지를 자세히 설명하고 바르게 복음을 알도록 추구한 사도 요한처럼 복음이신 예수 그리스도를 훼손하고 유사 복음을 만들어 미혹하던 이단들과 평생을 싸우다 가신 고 탁명환 소장께 이 책을 드립니다.

하정완 목사와 성경읽기

요한복음,

우리의
믿음을 위하여

하정완 목사와 성경읽기

요한복음, 우리의 믿음을 위하여

지은이 · 하정완
꾸민이 · 성상건
편집디자인 · 자연DPS

펴낸날 · 2022년 01월 10일
펴낸곳 · 도서출판 나눔사
주소 · (우) 10270 경기도 고양시 덕양구 푸른마을로 15
　　　　301동 1505호
전화 · 02)359-3429　　팩스 02)355-3429
등록번호 · 2-489호(1988년 2월 16일)
이메일 · nanumsa@hanmail.net

ISBN 978-89-7027-941-1-03230

값 10,000원
잘못된 책은 바꾸어 드립니다.

하정완 목사와 성경읽기

요한복음,

우리의 믿음을 위하여

하정완 | 지음

나눔사

성경을 읽어야 사람은 살 수 있다

"태초에 하나님이 천지를 창조하시니라"(창1:1)

'하나님이 세상을 창조하셨다.' 하나님이 만드셨습니다. 여기서 잊지
말아야 할 것은 창조 이전의 모습입니다. 창세기는 이렇게 기록하였습
니다.

"땅이 혼돈하고 공허하며 흑암이 깊음 위에 있고 하나님의 영은
수면 위에 운행하시니라"(창1:2)

하나님이 창조하시기 전 세상의 진실은 상상할 수 없는 혼란이었고,
어둠이었고, 절망이었습니다. 아무 것도 없었던 완벽한 카오스였습니
다. 이 모습이 세상이었습니다.

그런데 우리도 이 세상의 일부였습니다. 창세기 2장에 나오는 하나
님이 사람을 창조하시는 장면에서 우리의 근거가 기술되는 것을 알 수

있습니다.

"여호와 하나님이 땅의 흙으로 사람을 지으시고"(창2:7)

여기에서 "흙"이라는 말로 사용된 히브리어 '아파르'는, 단순한 흙이 아니라 '찌꺼기 더미'라는 뜻입니다. 그것이 혼돈과 공허한 것의 내용입니다. 우리의 본질적인 모습입니다.

'세상의 본질, 사람의 근거는 허무와 혼돈, 무지와 사악 그리고 무질서, 결핍과 공허였다.' 이것이 창세기가 말하고 있는 이 세상과 사람의 뿌리입니다. 한마디로 말해서 'nothing' 아무 것도 아니었습니다. 그런데 그 같은 허무와 공허에서 하나님이 창조하신 것입니다. 이 창조의 핵심은 말씀이었습니다.

"하나님이 이르시되 빛이 있으라 하시니 빛이 있었고... 그대로 되니라"(창1:3,7)

'빛이 있으라 하시니 빛이 있었다.' 세상이 바뀐 것입니다. 혼돈과 어둠이 밝혀진 것입니다. 그러나 중요한 것은 빛이 생긴 것이 아니라, 빛의 원인이 바로 하나님이 말씀하신 것에서 시작되었다는 것입니다. 하나님이 혼돈과 무질서한 세상에 말씀으로 질서를 두신 것입니다. 이 아름다운 창조를 요한복음은 이렇게 기록하였습니다.

"태초에 말씀이 계시니라 이 말씀이 하나님과 함께 계셨으니 이 말씀은 곧 하나님이시니라 그가 태초에 하나님과 함께 계셨고 만물이 그로 말미암아 지은 바 되었으니 지은 것이 하나도 그가 없이는 된 것이 없느니라"(요1:1-3)

창조의 핵심은 말씀이었습니다. 말씀으로 세상을 창조하신 것입니다. 말씀, 곧 성경이 중요한 이유입니다. 우리가 성경을 읽어야 하는 이유입니다. 말씀하는 순간 세상은 공허에서 질서가 잡혔고, 혼돈에서 소망이 생겼고, 죽음에서 생명이 드러났기 때문입니다. 그것이 창세기 1장이 말하고 있는 내용입니다.

"하나님이 이르시되 빛이 있으라 하시니 빛이 있었고"(창1:3)

그러므로 크리스천은 무조건 하나님의 말씀, 곧 성경으로 살아야 합니다. 더욱이 우리의 본질은 혼돈과 공허함이었기 때문입니다. 오로지 성경만이 우리를 다시 새롭게 빚으시고 창조하실 것이기 때문입니다. 성경을 읽어야 사람이 살 수 있는 결정적인 이유입니다. 성경 없이 우리가 살 길은 없기 때문입니다.

성경 66권 전부를 읽고 묵상하는 것은 모든 크리스천의 로망입니다. '하정완 목사와 성경 읽기' 시리즈는 그 같은 로망에 대한 개인적인 응답이자 한국 교회와 함께 하고 싶은 열망이기도 합니다.

이 근사한 성경 읽기를 할 수 있었던 것은 꿈이있는 교회라는 토양 때문입니다. 그래서 꿈이 있는 교회와 staff들 특히 원고를 정리해준 김유빈 목사에게 감사를 드리며, 동시에 이 같은 출간을 흔쾌히 받아주신 나눔사 성상건 장로님과 직원들에게도 감사를 드립니다. 그러나 무엇보다 나의 신앙의 큰 지원자인 아내 서은희와 나의 주 하나님께 감사를 드립니다.

성서 한국을 꿈꾸며
하정완 목사

책 사용 가이드

'하정완 목사와 성경 읽기' 시리즈는 성경을 읽되 가능한 깊이 묵상하며 읽는 것을 돕기 위하여 만들어졌습니다. 단순 통독이 아니라 깊은 묵상을 할 수 있도록 준비하였습니다.

1. 가능한 성경 본문을 읽고 생각하십시오.
가장 좋은 방법입니다. 제시된 성경 본문을 먼저 읽는 것입니다. 그리고 자신에게 주신 단어 혹은 구절에 대한 느낌을 꼭 적으시기 바랍니다.

2. 성경을 읽지 않아도 묵상할 수 있게 배려했습니다.
매우 성경 중심으로 글을 썼기 때문입니다. 비록 성경을 읽지 못한 상태로 읽어가도 충분히 이해할 수 있도록 성경을 인용하였습니다.

3. 묵상일기를 남기십시오.
반드시 글을 읽고 난 후에 '묵상' 란에 오늘 말씀을 통하여 깨닫게 된 것을 한 줄이라도 남기셔야 합니다. 일종의 묵상일기입니다.

4. 전체를 이어서 읽어도 됩니다.
매일 한 개씩 읽으면서 진행해도 되지만 전체를 이어 읽으면서 성경을 묵상하는 것도 좋은 방법입니다.

'성경 66권을 묵상하면서 읽다!'
이것이 목표입니다.

: : 차 례 : :

제 1 부

말씀이 하나님이시다

말씀이 하나님이시다

* Lexio 읽기 / 요한복음 1:1-4

가능하면 오늘의 본문을 먼저 읽는 것이 좋지만 바로 아래 글을 읽어도 좋습니다. 충분히
본문을 이해하도록 배려하며 글을 썼습니다. 혹시 본문을 읽으신 분은 감동이 오는 말씀이
나 단어 혹은 느낌을 간단히 적으시면 좋습니다.

"태초에 말씀이 계시니라"(요1:1)

요한복음의 처음 시작은 '태초에 말씀이 계셨다' 말합니다. 그 "말
씀"은 하나님과 동일합니다.

"이 말씀이 하나님과 함께 계셨으니 이 말씀은 곧 하나님이시니
라"(요1:1)

하나님께서 세상을 창조하신 사역은 단순히 "말씀"으로 하신 것이
아니라 "말씀"이 스스로 세상을 창조한 인격적 행위였습니다.

"그가 태초에 하나님과 함께 계셨고 만물이 그로 말미암아 지은
바 되었으니 지은 것이 하나도 그가 없이는 된 것이 없느니라"
(요1:2-3)

"말씀"으로 만물을 창조하셨기에 말씀은 그 자체로 생명을 담고 있
습니다. 그런 까닭에 말씀은 어둠에 사는 사람들에게 언제나 빛이 됩

니다.

"그 안에 생명이 있었으니 이 생명은 사람들의 빛이라"(요1:4)

그런데 그 빛 되신 말씀이 육신이 되어 이 땅에 오셨습니다. 바로 예수 그리스도이십니다.

"말씀이 육신이 되어 우리 가운데 거하시매 우리가 그의 영광을 보니 아버지의 독생자의 영광이요 은혜와 진리가 충만하더라"
(요1:14)

'하나님은 말씀이시고, 말씀은 그리스도이시다!' 요한이 말하고 싶은 내용입니다. 그러므로 하이데거가 말한 '언어는 존재가 거하는 집'이라는 표현은 성경 말씀에 한하여 옳습니다. 또 우리가 말씀을 통하여 예수 그리스도를 만나는 이유입니다. 말씀이신 예수 그리스도, 우리는 요한복음을 묵상하면서 예수 그리스도를 만나게 될 것입니다. 이제 기대함으로 시작하시면 됩니다.

* 묵상질문
'말씀은 하나님이시다.' 그러므로 기대를 가지고 요한복음을 읽으십시오. 말씀을 통해 하나님을 만나는 기적을 체험하게 될 것입니다.

말씀은 스스로 일하신다

* Lexio 읽기 / 요한복음 1:1-3

가능하면 오늘의 본문을 먼저 읽는 것이 좋지만 바로 아래 글을 읽어도 좋습니다. 충분히 본문을 이해하도록 배려하며 글을 썼습니다. 혹시 본문을 읽으신 분은 감동이 오는 말씀이나 단어 혹은 느낌을 간단히 적으시면 좋습니다.

"말씀은 한처음 천지가 창조되기 전부터 하나님과 함께 계셨다. 모든 것은 말씀을 통하여 생겨났고 이 말씀 없이 생겨난 것은 하나도 없다."(공동번역/요1:2-3)

지금 우리에게 있는 성경은 하나님의 말씀이 기록된 책입니다. 물론 겉으로는 그냥 책입니다. 하지만 그 안에 하나님이 계십니다. 하나님이신 말씀입니다. 그렇기에 말씀은 그 자체로도 스스로 일하십니다. 이것은 실제입니다. 히브리서 기자는 하나님의 말씀을 살아있는 인격체로 표현했습니다.

"하나님의 말씀은 살아 있고 활력이 있어 좌우에 날선 어떤 검보다도 예리하여 혼과 영과 및 관절과 골수를 찔러 쪼개기까지 하며 또 마음의 생각과 뜻을 판단하나니"(히4:12)

여러 해 전 일입니다. 소형 프라이드를 타고 가다 경춘 도로에서 교통사고가 났습니다. 시속 70km 정도로 달리고 있었는데 어떤 차가 난데없이 길을 가로질러 온 것입니다. 그 바람에 사람들이 모두 제가 죽었을 것이라고 할 만큼 큰 충돌이 있었습니다. 그때 놀랍게도 제 안에 떠오른 것은 하나님의 말씀이었고 동시에 평안이 임하였습니다. 이 말씀입니다.

"두려워하지 말라 내가 너와 함께 함이라 놀라지 말라 나는 네 하
나님이 됨이라 내가 너를 굳세게 하리라 참으로 너를 도와 주리
라 참으로 나의 의로운 오른손으로 너를 붙들리라"(사41:10)

이 말씀은 내가 기억해 낸 것이 아니라 떠오른 것입니다. 하나님의 말씀이 인격적으로, 스스로 일하신 것입니다. 우리가 마음속에 말씀을 두고 내 안에 역사하신 말씀을 증거하며 말씀을 따라서 살 때 변화될 수 있는 이유입니다. 스스로 일하시는 말씀의 자발적 활동 때문입니다.

우리에게 권세가 없는 이유는 무엇입니까? 말씀이 없기 때문입니다. 우리 안에 말씀을 받아들이지 않았기 때문입니다. 성경을 그저 종이 쪼가리에 쓴 단순한 책 정도로 생각했기 때문입니다. 하나님의 말씀을 말입니다.

* 묵상질문
성경은 하나님의 말씀입니다. 스스로 일하실 것입니다. 그러므로 말씀을 마음에 두고 살아
가십시오.

로고스를 아는 존재

* Lexio 읽기 / 요한복음 1:5–12

가능하면 오늘의 본문을 먼저 읽는 것이 좋지만 바로 아래 글을 읽어도 좋습니다. 충분히
본문을 이해하도록 배려하며 글을 썼습니다. 혹시 본문을 읽으신 분은 감동이 오는 말씀이
나 단어 혹은 느낌을 간단히 적으시면 좋습니다.

> "그가 태초에 하나님과 함께 계셨고 만물이 그로 말미암아 지은
>
> 바 되었으니 지은 것이 하나도 그가 없이는 된 것이 없느니라"
>
> (요1:2–3)

당시는 플라톤주의가 범람하며, 영지주의 영향이 본격화되던 때였
습니다. 그래서 요한은 그들의 철학적 이해를 사용했습니다. 우리가
"말씀"으로 번역된 단어 '로고스'에 주의해야 하는 까닭입니다. 스토이
시즘에서 로고스는 '우주 이성'으로서 우주를 지배하는 궁극적인 통일
원리입니다. 또 인간은 누구나 선천적으로 로고스의 분신인 이성을 갖
고 태어났기 때문에 우주 자연의 이치를 파악하고 이해할 수 있다고
생각했습니다. 그뿐만 아니라 구원은 언제나 그 로고스에 대한 지식에
이를 때 가능하다고 보았습니다. 하지만 우리는 스스로 알 수 없습니
다. 그래서 요한은 말씀, 곧 로고스이신 그리스도가 우리 가운데 왔지
만 깨닫지 못한 것이라고 말한 것입니다.

> "그 안에 생명이 있었으니 이 생명은 사람들의 빛이라 빛이 어둠
>
> 에 비치되 어둠이 깨닫지 못하더라"(요1:4–5)

"말씀이 육신이 되어 우리 가운데 거하시매 우리가 그의 영광을
보니 아버지의 독생자의 영광이요 은혜와 진리가 충만하더라"
(요1:14)

그러나 분명한 것은 태초부터 로고스 곧 말씀으로 계셨고 그 자체로
생명이시며 빛이신 예수 그리스도께서 우리 가운데 오셨다는 사실입
니다. 단지 모를 뿐입니다. 하지만 절대 놓치지 말아야 할 것은 언젠가
어떤 의미에서든지 결국엔 깨닫게 될 것이란 사실입니다. 어둠은 빛을
이겨본 적이 없기 때문입니다.

"그 빛이 어둠 속에서 비치고 있다. 그러나 어둠이 빛을 이겨본
적이 없다."(공동번역/요1:5)

그러므로 이제 남은 것은 말씀이 육신이 되어 오신 로고스 예수 그
리스도를 영접하는 것입니다. 그 순간 하나님의 자녀가 된다고 요한은
말합니다.

"영접하는 자 곧 그 이름을 믿는 자들에게는 하나님의 자녀가 되
는 권세를 주셨으니"(요1:12)

* 묵상질문
로고스이신 그리스도를 영접함으로 우리도 하나님의 자녀가 됩니다. 놀랍지 않습니까?

- -

- -

잃어버리고 놓친 권세

* Lexio 읽기 / 요한복음 1:13-18

가능하면 오늘의 본문을 먼저 읽는 것이 좋지만 바로 아래 글을 읽어도 좋습니다. 충분히 본문을 이해하도록 배려하며 글을 썼습니다. 혹시 본문을 읽으신 분은 감동이 오는 말씀이나 단어 혹은 느낌을 간단히 적으시면 좋습니다.

"영접하는 자 곧 그 이름을 믿는 자들에게는 하나님의 자녀가 되

는 권세를 주셨으니"(요1:12)

이 놀라운 표현을 곧이곧대로 이해하는 사람은 많지 않습니다. 하나님의 자녀라는 말만으로도 상상할 수 없는 권세이기 때문입니다. 왜 이해할 수 없는 것입니까? 이것은 세상적인 지식으로 알게 되는 부분이 아니기 때문입니다.

"이는 혈통으로나 육정으로나 사람의 뜻으로 나지 아니하고 오직

하나님께로부터 난 자들이니라"(요1:13)

그래서 보편적 은혜 위의 은혜, 특별한 은혜가 필요한 것입니다. 우리가 깨닫게 되는 그 은혜가 "넘치는 은총"(공동번역/요1:16)인 이유입니다.

"우리가 다 그의 충만한 데서 받으니 은혜 위에 은혜러라"(요1:16)

이제 관건은 로고스, 곧 말씀을 듣는 것입니다. 하나님을 아는 것입니다. 그것이 예수 그리스도를 아는 일이기 때문입니다. 즉 말씀을 알면 하나님을 알고, 예수님을 알면 하나님을 알게 되는 것, 이런 진리입니다. 그래서 예수님은 자신을 본 자는 하나님을 보는 것이라고 말씀하셨습니다.

> "나를 믿는 자는 나를 믿는 것이 아니요 나를 보내신 이를 믿는
> 것이며 나를 보는 자는 나를 보내신 이를 보는 것이니라"
> (요12:44~45)

그런데 그분, 로고스, 다시 말해 "말씀이 육신이 되어 우리 가운데 거하"(요1:14)셨습니다. 그렇다면 당연히 우리도 신적인 존재가 되는 것입니다. 주님은 그것을 강조하셨습니다.

> "예수께서 이르시되 너희 율법에 기록된 바 내가 너희를 신이라
> 하였노라 하지 아니하였느냐 성경은 폐하지 못하나니 하나님의
> 말씀을 받은 사람들을 신이라 하셨거든"(요10:34~35)

우리는 하나님의 자녀로서의 권세를 잃어버리고 놓쳤습니다. 우리가 너무 물질적이고 세상적인 것만 추구하는 것에 시간을 낭비했기 때문입니다. 그리스도 안에서 우리도 하나님의 자녀인데 말입니다.

* 묵상질문

요한복음을 묵상하면서 내가 누구인지 깊이 생각하십시오.

제 2 부

설명할 수 없는 고백

세례 요한 같은 사람

* Lexio 읽기 / 요한복음 1:19-28
가능하면 오늘의 본문을 먼저 읽는 것이 좋지만 바로 아래 글을 읽어도 좋습니다. 충분히 본문을 이해하도록 배려하며 글을 썼습니다. 혹시 본문을 읽으신 분은 감동이 오는 말씀이나 단어 혹은 느낌을 간단히 적으시면 좋습니다.

> "나는 선지자 이사야의 말과 같이 주의 길을 곧게 하라고 광야에
> 서 외치는 자의 소리로라"(요1:23)

예수님께서 역사의 현장에서 일하시기 전, 먼저 이름을 드러낸 사람은 세례 요한입니다. 요한은 수많은 제자를 두었고 상당한 영향력도 갖고 있었습니다. 비록 들에서 메뚜기와 석청을 먹으며 약대 털옷을 입고 다니는 광야의 예언자였지만 그의 언어는 힘이 있었습니다. 유대왕 헤롯이 경계할 정도였습니다. 헤롯이 동생 빌립의 아내 헤로디아와 결혼한 것을 세례 요한이 비난하여도 함부로 대하지 못하였습니다. 오히려 그 말을 매우 심각하게 받아들였습니다.

> "헤로디아가 요한을 원수로 여겨 죽이고자 하였으되 하지 못한
> 것은 헤롯이 요한을 의롭고 거룩한 사람으로 알고 두려워하여
> 보호하며 또 그의 말을 들을 때에 크게 번민을 하면서도 달갑게
> 들음이러라"(막6:19-20)

세례 요한은 결국 헤로디아의 모함에 빠져 어쩔 수 없이 죽습니다.

하지만 분명한 사실은 그는 왕도 두려워하고 귀중히 여길 만큼 영향력 있는 그 시대의 사람이었다는 점입니다. 그는 얼마든지 자신에게 도취될만한 인정을 받았고, 그럴만한 위치에 있었습니다.

더욱이 중요한 것은 세례 요한이 예수님께 세례까지 베풀었다는 것입니다. 이는 세례 요한이 예수님보다 높게 보일 수 있을 결정적 사건이었습니다. 하지만 세례 요한은 자신이 누구인지, 예수가 어떤 위치에 있는 분인지를 정확하게 인식하고 있었습니다.

> "나는 물로 세례를 베풀거니와 너희 가운데 너희가 알지 못하는
> 한 사람이 섰으니 곧 내 뒤에 오시는 그이라 나는 그의 신발끈을
> 풀기도 감당하지 못하겠노라"(요1:26-27)

세례 요한은 사람들의 환호에 흔들리거나 은근히 즐기지도, 혹은 사람들의 속임에 무너지지도 않았습니다. 오히려 바로 세상의 흔들림을 교정하며 정직하게 서 있었습니다. 그래서 주님은 세례 요한을 이렇게 평가하신 것입니다.

> "여자가 낳은 자 중에 요한보다 큰 자가 없도다"(눅7:28)

---

* **묵상질문**

권력과 부요는 우리를 착각하게 만듭니다. 그런 점에서 세례 요한이 아름답습니다. 그렇다면 나는 어떻습니까? 이 모습처럼 정직합니까?

투명해야 보이는 인식

* Lexio 읽기 / 요한복음 1:29-34
가능하면 오늘의 본문을 먼저 읽는 것이 좋지만 바로 아래 글을 읽어도 좋습니다. 충분히
본문을 이해하도록 배려하며 글을 썼습니다. 혹시 본문을 읽으신 분은 감동이 오는 말씀이
나 단어 혹은 느낌을 간단히 적으시면 좋습니다.

> "나는 물로 세례를 베풀거니와 너희 가운데 너희가 알지 못하는
> 한 사람이 섰으니 곧 내 뒤에 오시는 그이라 나는 그의 신발끈을
> 풀기도 감당하지 못하겠노라"(요1:26-27)

사실 세례 요한은 충분히 자신을 드러내도 될 만큼 힘과 영향력을
가지고 있는 사람이었습니다. 하지만 그는 정확하게 자신이 누구인지
를 알고 있었습니다. 이 같은 요한의 태도는 그를 추종하던 사람들의
이탈을 가져왔습니다. 마침 예수님도 세례를 주시기 시작하자 제자들
의 이탈은 가속이 붙습니다. 그 모습을 보고 있던 남은 제자들이 너무
속상한 마음으로 요한에게 말합니다.

> "랍비여 선생님과 함께 요단 강 저편에 있던 이 곧 선생님이 증
> 언하시던 이가 세례를 베풀매 사람이 다 그에게로 가더이다"
> (요3:26)

얼마나 가슴 아픈 이야기입니까? 이제 세례 요한을 추종하는 사람
들이 소수밖에 없다는 말입니다. 하지만 요한은 전혀 개의치 않았습니

30

다. 그는 오히려 매우 즐거운 마음으로 얘기합니다. 참 아름다운 해석입니다.

> "신부를 취하는 자는 신랑이나 서서 신랑의 음성을 듣는 친구가
> 크게 기뻐하나니 나는 이러한 기쁨으로 충만하였노라"(요3:29)

자신은 신랑이 아니고 더욱이 신부도 아니며 그저 신부가 좋아하는 음성을 듣는 친구에 불과하다고 말합니다. 기쁘다는 뜻입니다. 그것도 기쁨이 충만하다는 것입니다. 그리고 한술 더 떠서 이렇게 말합니다.

> "그는 흥하여야 하겠고 나는 쇠하여야 하리라"(요3:30)

참 투명합니다. 투명하니까 아름답습니다. 이렇게 투명해지자 세례 요한은 매우 정확하게 예수가 보입니다. 엄청난 인식이었습니다.

> "보라 세상 죄를 지고 가는 하나님의 어린 양이로다"(요1:29)

반대로 우리의 눈에 예수가 보이지 않는 것은 우리가 투명하긴커녕 더럽고 순수하지 않기 때문입니다.

* 묵상질문
우리가 예수를 온전히 만나지 못하는 이유는 우리가 투명하지 않기 때문입니다. 투명해야 합니다. 아시겠습니까?

최초로 메시야라 고백한 사람

* Lexio 읽기 / 요한복음 1:35-42
가능하면 오늘의 본문을 먼저 읽는 것이 좋지만 바로 아래 글을 읽어도 좋습니다. 충분히
본문을 이해하도록 배려하며 글을 썼습니다. 혹시 본문을 읽으신 분은 감동이 오는 말씀이
나 단어 혹은 느낌을 간단히 적으시면 좋습니다.

"예수께서 거니심을 보고 말하되 보라 하나님의 어린 양이로다

두 제자가 그의 말을 듣고 예수를 따르거늘"(요1:36-37)

아직 세상의 주목을 받지 않을 때였습니다. 갑자기 뜬금없이 안드레
가 등장합니다. 대개 우리는 안드레에게는 큰 관심이 없는데, 알고 보
면 안드레는 매우 대단한 사람이었습니다. 그의 고백을 들어보면 알
수 있습니다.

"우리가 메시야를 만났다"(요1:41)

메시야, 곧 그리스도라는 고백이 얼마나 중요한지 우리는 알고 있습
니다. 특히 베드로는 가이샤라 빌립보에서 예수를 그리스도라고 고백
한 일 때문에 주님의 엄청난 칭찬을 받습니다(마16:16-19). 하지만 베
드로의 고백은 예수님의 생애가 끝나갈 즈음이었습니다. 그런데 공생
애 초기에, 그것도 아직 예수님의 제자로 공식적인 부름을 받지도 않
은 안드레가 예수를 메시야라 고백하고 있는 것입니다. 기막힌 사건이
아닐 수 없습니다.

우리는 안드레를 간과한 측면이 있습니다. 사실 오병이어 사건 현장에서도 아이를 데려온 제자는 안드레였습니다. 또 안드레는 자기가 경험한 메시야 예수를 즉시 형제 베드로에게 소개하고 예수님께로 데려옵니다. 기막힌 민감함입니다. 주저함이 없습니다. 그러고는 슬그머니 베드로 뒤로 물러납니다. 마태복음에 기록된 예수님의 제자 순서를 보면 알 수 있습니다.

> "열두 사도의 이름은 이러하니 베드로라 하는 시몬을 비롯하여
> 그의 형제 안드레와 세베대의 아들 야고보와 그의 형제 요한"
> (마10:2)

어느 사이엔가 베드로가 먼저 나섭니다. 안드레가 첫 제자였음에 틀림이 없는데, 어느 순간 안드레는 보이지 않습니다. 하지만 보이지 않는다고 해서 없는 것이 아닙니다. 안드레는 또 한 명의 세례 요한이었던 것입니다. 형제와 친구들을 앞에 세우는 진정한 주님의 제자였던 것입니다.

* 묵상질문
보이지 않는다고 없는 것이 아닙니다. 세례 요한과 안드레. 이처럼 주변에는 보이지 않는 사람들이 있었습니다. 그 사실을 알고 계십니까?

설명할 수 없는 고백

* Lexio 읽기 / 요한복음 1:43-51
가능하면 오늘의 본문을 먼저 읽는 것이 좋지만 바로 아래 글을 읽어도 좋습니다. 충분히
본문을 이해하도록 배려하며 글을 썼습니다. 혹시 본문을 읽으신 분은 감동이 오는 말씀이
나 단어 혹은 느낌을 간단히 적으시면 좋습니다.

> "이튿날 예수께서 갈릴리로 나가려 하시다가 빌립을 만나 이르시
> 되 나를 따르라 하시니"(요1:43)

빌립은 안드레, 베드로와 한 동네인 벳새다 사람이었습니다. 예수님
의 부르심을 받은 빌립은 나다나엘을 찾아가 예수님을 소개합니다. 그
런데 나다나엘의 반응이 의외였습니다. 약간은 비꼬는 듯한 반응을 보
입니다.

> "빌립이 나다나엘을 찾아 이르되 모세가 율법에 기록하였고 여러
> 선지자가 기록한 그이를 우리가 만났으니 요셉의 아들 나사렛
> 예수니라 나다나엘이 이르되 나사렛에서 무슨 선한 것이 날 수
> 있느냐"(요1:45-46)

이러한 발언은 즉흥적으로 나온 것이 아니었습니다. 그의 말에서 감
지할 수 있듯이 나다나엘은 구약에 매우 정통한 사람이었고 예수님을
신뢰하지 않았던 것으로 보입니다. 하지만 빌립의 권면을 받은 나다나
엘이 예수님에게로 나왔을 때, 부정적이었던 나다나엘은 예수님과의

짧은 대화를 통해 기막힌 신앙고백을 하기에 이릅니다.

> "보라 이는 참으로 이스라엘 사람이라 그 속에 간사한 것이 없도
> 다"(요1:47)

> "어떻게 나를 아시나이까"(요1:48)

> "빌립이 너를 부르기 전에 네가 무화과나무 아래에 있을 때에 보
> 았노라"(요1:48)

> "랍비여 당신은 하나님의 아들이시요 당신은 이스라엘의 임금이
> 로소이다"(요1:49)

이 대화의 끝은 보시다시피 나다나엘의 신앙고백입니다. 무엇이 나
다나엘로 하여금 예수님을 하나님의 아들로 고백하게 하였는지 알 수
는 없지만, 나다나엘은 예수를 그리스도로 경험한 것입니다. 매우 개
인적인 사건이었습니다. 바람처럼 깨달음이 온 것입니다. 신앙은 언제
나 이렇습니다. 바람처럼 다가오는 것이고 설명할 수 없는 신비한 것
입니다. 참 기막힌 아름다움이 아닐 수 없습니다.

* 묵상질문
신앙은 이처럼 설명할 수 없는 고백입니다. 그런 고백이 있다면 같이 나눠보십시오.

기적의 삶을 살아왔었다

* Lexio 읽기 / 요한복음 2:1-12

가능하면 오늘의 본문을 먼저 읽는 것이 좋지만 바로 아래 글을 읽어도 좋습니다. 충분히 본문을 이해하도록 배려하며 글을 썼습니다. 혹시 본문을 읽으신 분은 감동이 오는 말씀이나 단어 혹은 느낌을 간단히 적으시면 좋습니다.

"갈릴리 가나에 혼례가 있어 예수의 어머니도 거기 계시고 예수
와 그 제자들도 혼례에 청함을 받았더니"(요2:1-2)

누구의 결혼식인지는 모르지만 분명 평범한 결혼식이었습니다. 그런데 잔치 도중에 포도주가 떨어졌습니다. 사실 큰 문제는 아닙니다. 포도주는 얼마든지 동이 날 수 있기 때문입니다. 그것은 우리도 만날 수 있는 일상적인 상황입니다. 그런데 상황이 갑자기 달라졌습니다. 예수님이 물을 포도주로 바꾸신 것입니다. 그것은 기적이었습니다. 정리되어가던 잔칫집의 분위기는 다시 살아났습니다. 결코 일상적인 상황이 아니었습니다. 특별한 사건이 벌어진 것입니다.

"예수께서 그들에게 이르시되 항아리에 물을 채우라 하신즉 아귀
까지 채우니 이제는 떠서 연회장에게 갖다 주라 하시매 갖다 주
었더니 연회장은 물로 된 포도주를 맛보고도 어디서 났는지 알
지 못하되 물 떠온 하인들은 알더라"(요2:7-9)

이쯤 되어 다시 떠올려야 할 말씀은 "빛이 어둠에 비치되 어둠이 깨

닫지 못하더라"(요1:5)라는 말씀입니다. 왜냐하면 가나의 기적은 하나님 나라가 드러난 사건이기 때문입니다. 그런데 깊이 생각하지 않으면 이 말씀은 우리와 관계가 없어 보입니다. 우리에게는 기적이 없기 때문입니다.

그렇다면 우리에게는 왜 기적이 없는 것입니까? 그것은 우리가 빛 가운데 있는 것처럼 보이지만 여전히 어둠 가운데 있기 때문입니다. 혹은 기적을 물질로 가늠하거나, 혹은 치유와 같은 초자연적 현상으로만 생각하여 알아차리지 못하는 것일 수도 있습니다. 빛에 거한다는 것은 하나님 나라에 참여한다는 의미이고, 그것은 곧 하나님 나라의 무한한 가능성으로 살아가는 것입니다. 그렇기에 하나님 나라가 이루어질 때 어떤 의미로든지 기적이 나타나는 삶은 당연한 것입니다. 예수님이 행하신 첫 번째 기적이었습니다.

> "예수께서 이 첫 표적을 갈릴리 가나에서 행하여 그의 영광을 나타내시매 제자들이 그를 믿으니라"(요2:11)

---

* 묵상질문

자신의 삶을 돌아보십시오. 사실은 기적적인 삶이었습니다. 그렇지 않습니까?

평범하게 살지 말라

* Lexio 읽기 / 요한복음 2:1–12
가능하면 오늘의 본문을 먼저 읽는 것이 좋지만 바로 아래 글을 읽어도 좋습니다. 충분히
본문을 이해하도록 배려하며 글을 썼습니다. 혹시 본문을 읽으신 분은 감동이 오는 말씀이
나 단어 혹은 느낌을 간단히 적으시면 좋습니다.

"예수와 그 제자들도 혼례에 청함을 받았더니 포도주가 떨어진지

라"(요2:2–3)

흥겨운 잔치 자리에서 포도주가 떨어졌을 때, 어머니 마리아가 이상
한 말을 하였습니다.

"예수의 어머니가 예수에게 이르되 저들에게 포도주가 없다"

(요2:3)

예수님은 마리아의 말에 매우 시큰둥하게 대답하였습니다.

"여자여 나와 무슨 상관이 있나이까 내 때가 아직 이르지 아니하

였나이다"(요2:4)

'아직 때가 이르지 않았다! 아직 하나님의 뜻이 아니다!' 이런 이야기
입니다. 이것은 모든 논쟁과 요청의 종료이고, 하나님 나라적 사건이
일어나지 않아도 되는 타당한 이유였습니다. 우리도 이 말에 동의합니

다. 그래서 우리에게 기적이 없는 이유를 이렇게 설명합니다. 하나님의 뜻이 아직 이르지 않았다고 말입니다.

그런데 기적이 일어났습니다. 마리아나 하인들이 예수님을 대단히 압박한 것도 아니었습니다. 그런데 하나님의 때가, 하나님의 뜻이 깨진 것입니다. 참 이상한 장면입니다. 더욱이 예수님은 매우 적극적으로 기적을 행사하셨습니다. 그곳에 있던 여섯 개 항아리 모두 다 기적을 행하지 않아도 되었는데 모든 항아리의 물을 포도주로 바꾸셨습니다.

도대체 무엇을 말하고 있는 것입니까? '내 때가 아직 이르지 아니하였다'라는 말은 '할 수 없다'라는 말이 아니었습니다. 절대적인 규범이 아니었습니다. 오히려 주님은 그것을 깨고 싶었는지도 모릅니다. 하나님께서 인간이 되신 사건도 일상적이지 않은 것처럼 말입니다. 신앙은 일상적이거나 논리적으로 설명할 수 있는 것은 아닙니다. 하지만 우리의 믿음은 일상적이고 논리적이며 이 세상적인 규범에 지배를 받고 있습니다. 그 까닭에 우리는 하나님 나라가 일상적이거나 논리적이지 않다는 것을 놓친 것입니다. 모른 것입니다.

* **묵상질문**
평범한 삶을 사는 것으로 만족하지 마십시오. 아시겠습니까? 다른 삶, 기적도 있다는 것을 잊지 마십시오.

성전을 변형시켰다

* Lexio 읽기 / 요한복음 2:13-22
가능하면 오늘의 본문을 먼저 읽는 것이 좋지만 바로 아래 글을 읽어도 좋습니다. 충분히
본문을 이해하도록 배려하며 글을 썼습니다. 혹시 본문을 읽으신 분은 감동이 오는 말씀이
나 단어 혹은 느낌을 간단히 적으시면 좋습니다.

"빛이 어둠에 비치되 어둠이 깨닫지 못하더라"(요1:5)

'어둠 속에 있다!' 무지하고 어리석다는 말입니다. 이 같은 어리석음
은 언제나 눈에 보이는 것에 대한 관심으로만 나타납니다. 금송아지를
만들어 하나님이라 말하고, 하나님이 주신 놋뱀을 우상으로 만들어 사
용하는 것처럼 어둠 속에 있는 사람들은 눈으로 확인해야 했습니다.

확인해야만 하는 사람들, 어둠에 있는 우리들을 위한 하나님의 배려
가 성전이었습니다. 하나님이 스스로를 제한하신 것입니다. 성전 안에
거하심으로 말입니다. 그리고 언제든지 우리가 기도할 때, 즉 우리가
요청할 때 하나님이 임재하시겠다고 약속하셨습니다.

"이제 이 곳에서 하는 기도에 내가 눈을 들고 귀를 기울이리니 이
는 내가 이미 이 성전을 택하고 거룩하게 하여 내 이름을 여기에
영원히 있게 하였음이라 내 눈과 내 마음이 항상 여기에 있으리
라"(대하7:15-16)

어리석고 무지한 우리, 어둠에 있는 우리를 위해 하나님께서는 당신을 드러내는 곳으로 성전을 지정하신 것입니다. 그런데 당시 종교인들은 매우 중요한 것을 놓치고 있었습니다. 하나님이 성전으로 임재하시는 조건이었습니다. 이렇게 말씀하셨습니다.

> "내 이름으로 일컫는 내 백성이 그들의 악한 길에서 떠나 스스로
> 낮추고 기도하여 내 얼굴을 찾으면 내가 하늘에서 듣고 그들의
> 죄를 사하고 그들의 땅을 고칠지라"(대하7:14)

그런데 사람들이 성전을 이용하여 장사하였고 심지어 강도의 소굴을 만들었습니다. 그곳에 계실 이유가 사라진 것입니다. 그래서 주님이 예루살렘에 가셨을 때 분노하셨던 것입니다. 이것을 사람들이 모릅니다.

> "예수께서... 성전 안에서 소와 양과 비둘기 파는 사람들과 돈 바
> 꾸는 사람들이 앉아 있는 것을 보시고 노끈으로 채찍을 만드사
> 양이나 소를 다 성전에서 내쫓으시고 돈 바꾸는 사람들의 돈을
> 쏟으시며 상을 엎으시고"(요2:13-15)

나중 공생애 끝 성전에 올라가셨을 때 주님은 '기도하는 집을 강도의 소굴'(마21:13)로 만들었다고 소리치십니다.

* 묵상질문
우리들의 성전은 어떻습니까? 하나님이 거하시기에 적합한 성전입니까? 아니면 그저 건축물에 불과합니까?

주님을 의지하고 믿는 사람

* Lexio 읽기 / 요한복음 2:23-25

가능하면 오늘의 본문을 먼저 읽는 것이 좋지만 바로 아래 글을 읽어도 좋습니다. 충분히
본문을 이해하도록 배려하며 글을 썼습니다. 혹시 본문을 읽으신 분은 감동이 오는 말씀이
나 단어 혹은 느낌을 간단히 적으시면 좋습니다.

> "내 이름으로 일컫는 내 백성이 그들의 악한 길에서 떠나 스스로
> 낮추고 기도하여 내 얼굴을 찾으면 내가 하늘에서 듣고 그들의
> 죄를 사하고 그들의 땅을 고칠지라"(대하7:14)

하나님이 성전에서 우리 기도를 들으실 때는 우리가 악한 길에서 떠
나 스스로 겸비하며 설 때입니다. 그때 우리의 기도가 온전해지기 때
문입니다. 그 순간 우리의 성전도 온전해집니다. 그러므로 "기도하는
집"(마21:13), 곧 성전의 의미입니다. 우리를 향한 하나님의 배려이고
눈먼 우리를 위하여 허락하신 하나님의 자기 제한이십니다.

기도하지 않는 곳은 더 이상 성전이 아니라는 뜻이기도 합니다. 그
런데 사람들은 눈에 보이는 성전에 집착합니다. 성전이 일종의 우상이
되는 것입니다. 심지어 성전을 강도의 소굴로 변질시킵니다. 그래서
주님이 그것을 아시고 하신 말씀이 우리를 아프게 합니다.

더불어 사람을 볼 때도 신앙처럼 의지해서는 안 됩니다. 사람 역시
하나님 없이는 고깃덩어리에 불과하기 때문입니다. 그렇지 않을지라

도 하나님보다 우선할 수는 없습니다. 하나님이 계시지 않은 성전이 위험한 것처럼 하나님보다 사람을 더 의지하는 것 역시 위험한 것입니다.

> "예수는 그의 몸을 그들에게 의탁하지 아니하셨으니 이는 친히 모든 사람을 아심이요"(요2:24)

그런 까닭에 주님은 이 세상에 있는 동안 제자들이나 사람들로부터 상처받지 않으셨습니다. 그들에게 실망하여 스스로 절망에 이르지도 않았습니다. 주님은 사람에게 의존하지 않으셨기 때문입니다.

> "사람에 대하여 누구의 증언도 받으실 필요가 없었으니 이는 그 가 친히 사람의 속에 있는 것을 아셨음이니라"(요2:25)

우리가 주의할 부분입니다. 그 무엇보다 주님을 의지해야 합니다. 그 사람이 크리스천입니다. 잊지 마십시오. 하나님의 사랑을 잃으면 모든 것을 잃는 것이기 때문입니다.

> "이 세상이나 세상에 있는 것들을 사랑하지 말라 누구든지 세상 을 사랑하면 아버지의 사랑이 그 안에 있지 아니하니"(요일2:15)

* 묵상질문
주님을 의지하고 믿는 사람이 크리스천입니다. 이것을 잊어서는 안 됩니다.

거기에서부터 신앙하라

* Lexio 읽기 / 요한복음 3:1-5
가능하면 오늘의 본문을 먼저 읽는 것이 좋지만 바로 아래 글을 읽어도 좋습니다. 충분히
본문을 이해하도록 배려하며 글을 썼습니다. 혹시 본문을 읽으신 분은 감동이 오는 말씀이
나 단어 혹은 느낌을 간단히 적으시면 좋습니다.

> "바리새인 중에 니고데모라 하는 사람이 있으니 유대인의 지도자
> 라 그가 밤에 예수께 와서"(요3:1-2)

니고데모는 어둠에 속한 사람이었습니다. "그가 밤에 예수께 와서"
라는 표현을 통해 은유적으로 알 수 있듯이 말입니다. 니고데모는 예
수님을 알 길이 없었습니다. 그래서 답답했던 것으로 보입니다. 그 니
고데모가 주님 앞에 나왔습니다.

> "랍비여 우리가 당신은 하나님께로부터 오신 선생인 줄 아나이다
> 하나님이 함께 하시지 아니하시면 당신이 행하시는 이 표적을
> 아무도 할 수 없음이니이다"(요3:2)

다행히도 니고데모의 질문은 예수 그리스도가 하나님으로부터 왔다
는 것에 대한 인식에서 비롯되었습니다. 어렴풋이나마 알고 있었던 것
입니다. 이것이 중요합니다. 우리가 언제나 잃어버리고 있는 부분입니
다. 우리는 어리석게도 그리스도의 존재가 하늘로부터 비롯되었다는
것을 잊고 이 땅에 속한 존재처럼 생각합니다. 인간적으로 생각하고

인간적으로 이해하려고 합니다. 쉽게 말해서 육체적인 범주 안에서 제한적으로만 접근하기 때문입니다. 그래서 예수 그리스도를 알 수 없는 것입니다. 곧 그릇의 문제입니다. 그러므로 예수를 그리스도로 생각하십시오. 하나님이심을 믿으십시오. 우리가 하나님으로부터 온 자녀 됨을 믿으십시오. 거기서부터 신앙을 시작하십시오.

그렇다면 왜 우리는 제대로 주님 앞에 나올 수 없는 것입니까? 같은 고민을 하던 니고데모에게 하신 주님의 처방은 간단했습니다.

"진실로 진실로 네게 이르노니 사람이 거듭나지 아니하면 하나님
의 나라를 볼 수 없느니라"(요3:3)

잘 이해하지 못하고 다시 질문하는 니고데모에게 예수님은 반복하여 대답하셨습니다. 그것은 "물과 성령으로"(요3:5) 거듭나야 한다는 말씀이었습니다. 우리가 이 세상적으로 바라보고 추구하는 것이 문제였던 것입니다.

* 묵상질문
주님을 더 열심히 믿으십시오. 더 깊이 주님께로 나아가십시오. 성령의 도우심을 구하며 적극적으로 말입니다.

거듭남을 경험하셨습니까?

* Lexio 읽기 / 요한복음 3:6-9

가능하면 오늘의 본문을 먼저 읽는 것이 좋지만 바로 아래 글을 읽어도 좋습니다. 충분히
본문을 이해하도록 배려하며 글을 썼습니다. 혹시 본문을 읽으신 분은 감동이 오는 말씀이
나 단어 혹은 느낌을 간단히 적으시면 좋습니다.

> "진실로 진실로 네게 이르노니 사람이 물과 성령으로 나지 아니
> 하면 하나님의 나라에 들어갈 수 없느니라"(요3:5)

우리는 여기서 거듭남의 두 차원을 봅니다. 첫 번째는 물로 나는 것
입니다. 일반적인 세례를 의미합니다. 인간적이고 의지적 차원입니다.
그래서 일정 부분은 우리가 자발적으로 할 수 있습니다. 의지적으로
나의 죄를 뉘우치고 회개하고 돌아서는 것이 필요합니다. 일종의 도덕
적 윤리적 결단을 말합니다. 회개라는 것 자체가 죄에 대한 회개이기
에 윤리적입니다.

하지만 구원의 완성으로 나아가기 위해서는 나의 의지만이 아니라
나를 넘어서는 사건이 필요합니다. 왜냐하면 나에게서 구원이 오지 않
기 때문입니다. 물에 빠진 사람은 스스로 자신을 구원할 수 없습니다.
윤리적 문제가 아닙니다. 언제나 나를 넘어서는 존재, 그 자체로 구원
이신 존재로부터만 가능합니다. 그분은 오직 하나님뿐이십니다.

이처럼 구원은 언제나 하나님으로부터 옵니다. 하나님으로부터 오

는 것이 아닌 것은 구원이 아닙니다. 인간에게서 나오는 것, 자기 구도적인 것, 내 안에 우주가 있고 구원이 있다고 주장하는 것 등등 모두는 익사 직전의 자신을 스스로 구원할 수 있다고 믿는 것과 똑같습니다. 예수님은 그것을 매우 단순하게 표현하였습니다. "육으로 난 것은 육이요"(요3:6). 그렇습니다. 그것뿐입니다. 그래서 이어지는 주님의 말씀이 중요합니다.

> "육으로 난 것은 육이요 영으로 난 것은 영이니 내가 네게 거듭나야 하겠다 하는 말을 놀랍게 여기지 말라 바람이 임의로 불매 네가 그 소리는 들어도 어디서 와서 어디로 가는지 알지 못하나니 성령으로 난 사람도 다 그러하니라"(요3:6-8)

참 어렵습니다. 사실 이 말씀은 두 가지 의미를 내포하고 있습니다. 하나는 '모른다'는 것이고 다른 하나는 '감춰져있다'는 것입니다. 이를 니고데모는 이해했습니다. 하지만 어떻게 일어나는지는 몰랐습니다. 이렇게 질문한 이유입니다.

> "어찌 그러한 일이 있을 수 있나이까"(요3:9)

* 묵상질문
혹시 거듭남을 경험했습니까? 구원파가 던지는 위험한 질문이지만 묻고 싶습니다. 무엇이라 대답하시겠습니까?

역사상 가장 위대한 대화

* Lexio 읽기 / 요한복음 3:8-16
가능하면 오늘의 본문을 먼저 읽는 것이 좋지만 바로 아래 글을 읽어도 좋습니다. 충분히
본문을 이해하도록 배려하며 글을 썼습니다. 혹시 본문을 읽으신 분은 감동이 오는 말씀이
나 단어 혹은 느낌을 간단히 적으시면 좋습니다.

> "바람은 제가 불고 싶은 대로 분다. 너는 그 소리를 듣고도 어디
> 서 불어와서 어디로 가는지를 모른다. 성령으로 난 사람은 누구
> 든지 이와 마찬가지다."(공동번역/요3:8)

예수님은 인간의 제한성을 설명하셨습니다. 도무지 알지 못하는 인
간의 부족함입니다. 그 일들은 모두 하나님 나라의 일입니다. 세상적
이지도 않고 하나님으로부터 온 것입니다. 사실 여기서 대화가 끝나도
상관이 없습니다. 엄밀하게 말해서 하나님은 우리를 설득할 이유가 없
으시기 때문입니다. 하나님은 하나님이시기 때문입니다. 이어지는 주
님의 이 말씀은 종료 선언 같은 것이었습니다.

> "내가 땅의 일을 말하여도 너희가 믿지 아니하거든 하물며 하늘
> 의 일을 말하면 어떻게 믿겠느냐"(요3:12)

그래서인지 더 이상 니고데모는 대꾸하지 않습니다. 사실 이야기의
흐름상 질문은 이어져야 합니다. 특히 놋뱀 이야기를 들으면서 니고데
모는 질문해야 했습니다. 하지만 하지 않았습니다. 니고데모는 자신의

부족함을 알고 예수님의 말씀에 동의했기 때문일 것입니다. 그것은 모든 대화의 종료를 의미했습니다. 하지만 예수님의 이야기는 계속되었습니다. 그것은 니고데모 마음속에 생긴 질문을 알았기 때문일 것입니다. 이런 질문 말입니다. '아무것도 아쉽지 않으신 하나님이 왜 이토록 우리에게 자신을 설득하려는 것인가?'

드디어 예수님께서 역사상 가장 아름다운 대답을 하셨습니다. '하나님이 우리를 사랑하시기 때문이다!'

"하나님이 세상을 이처럼 사랑하사 독생자를 주셨으니 이는 그를
믿는 자마다 멸망하지 않고 영생을 얻게 하려 하심이라"(요3:16)

우리는 역사상 가장 위대한 대화를 들은 것입니다. 그 모든 대화의 끝, 하나님이 우리를 사랑하시기 때문이라는 말씀이셨습니다. 감격스럽습니다.

＊ 묵상질문
성경이 다 소실되더라도 요한복음 3장 16절 한 절만 있으면 우리는 성경을 다 읽은 것 같습니다. 여기에 모든 것이 담겨 있기 때문입니다. 다시 찬찬히 읽어보십시오.

먼저 사랑하셨다

* Lexio 읽기 / 요한복음 3:16-36

가능하면 오늘의 본문을 먼저 읽는 것이 좋지만 바로 아래 글을 읽어도 좋습니다. 충분히 본문을 이해하도록 배려하며 글을 썼습니다. 혹시 본문을 읽으신 분은 감동이 오는 말씀이나 단어 혹은 느낌을 간단히 적으시면 좋습니다.

> "하나님이 세상을 이처럼 사랑하사 독생자를 주셨으니 이는 그
> 를 믿는 자마다 멸망하지 않고 영생을 얻게 하려 하심이라"
> (요3:16)

성경의 대표 구절을 뽑으라고 하면 많은 사람들이 주저 없이 요한복음 3장 16절을 선택합니다. 거기에 성경의 모든 진리가 집약되어 있기 때문입니다. 공동번역으로 읽어보겠습니다.

> "하나님은 이 세상을 극진히 사랑하셔서 외아들을 보내주시어 그
> 를 믿는 사람은 누구든지 멸망하지 않고 영원한 생명을 얻게 하
> 여주셨다."(공동번역/요3:16)

'하나님이 세상을 극진히 사랑하셨다.'

우리는 여기서 다음과 같은 질문을 던지게 됩니다. '우리 인간이 스스로 하나님께로 나아갈 수는 없는가?', '다른 가능성이 있지 않을까?' 이러한 질문에 예수님은 매우 단호하게 말씀하십니다.

"예수께서 이르시되 내가 곧 길이요 진리요 생명이니 나로 말미
암지 않고는 아버지께로 올 자가 없느니라"(요14:6)

초대교회 역시 이 사실을 고백하였습니다. 그것은 경험적인 고백이
었습니다.

"다른 이로써는 구원을 받을 수 없나니 천하 사람 중에 구원을 받
을 만한 다른 이름을 우리에게 주신 일이 없음이라 하였더라"
(행4:12)

그래도 있지 않을까 기웃거립니다. 다른 것들을 바라봅니다. 그런
데 다른 것들, 다른 신들이 근사해 보여도 가짜입니다. 그것 자체의 자
발적 의지는 존재하지 않고 인간의 믿음과 헌신만을 요구하기 때문입
니다. 그것들은 우리에게 의존하여 사는 존재이기 때문입니다. 그래서
요한은 매우 정확하게 하나님의 의지를 기록했습니다. '사랑'이 이유입
니다. 구원하시기 위함이 목적이라는 말이었습니다.

"하나님이 그 아들을 세상에 보내신 것은 세상을 심판하려 하심
이 아니요 그로 말미암아 세상이 구원을 받게 하려 하심이라"
(요3:17)

* 묵상질문
'그가 먼저 사랑하셨다'(요일4:19). 그것이 시작입니다. 그러므로 믿는 것만 남았을 뿐입니
다. 잊지 마십시오.

제 3 부

민음이라는 기적

행복할 수 있을까

* Lexio 읽기 / 요한복음 4:1-18
가능하면 오늘의 본문을 먼저 읽는 것이 좋지만 바로 아래 글을 읽어도 좋습니다. 충분히 본문을 이해하도록 배려하며 글을 썼습니다. 혹시 본문을 읽으신 분은 감동이 오는 말씀이나 단어 혹은 느낌을 간단히 적으시면 좋습니다.

> "사마리아에 있는 수가라 하는 동네에 이르시니 야곱이 그 아들
> 요셉에게 준 땅이 가깝고 거기 또 야곱의 우물이 있더라 예수께
> 서 길 가시다가 피곤하여 우물 곁에 그대로 앉으시니"(요4:5-6)

예수님께서 사마리아 수가 성을 지나가시다가 정오 즈음에 한 여인을 만나셨습니다. 그 여인은 불행한 여인이었습니다. 스스로 그렇게 생각하고 있었습니다.

그녀가 행복하지 않다는 것은 몇 가지 사실을 통해 분명히 알 수 있습니다. 우선 여인이 물을 길어 나온 시간은 "여섯 시"(요4:6)였는데, 지금의 시간으로 정오였습니다. 제일 뜨거운 시간이었고, 사람들이 낮잠을 즐기며 밖으로 다니지 않는 시간이었습니다. 그런 시간에 나왔다는 것은 사람들을 만나고 싶지 않았다는 뜻입니다. 여자이기 때문에도 그럴 수 있지만 자신의 삶이 떳떳하지 못했다는 것을 말하기도 합니다. 실제로 그녀는 지금까지 다섯 명의 남자와 살았었고 지금 있는 여섯 번째 남자도 남편이 아니었습니다.

이런 까닭에 물을 길으러 나오는 것조차 그녀에게는 힘든 일이었습니다. 그래서 "영생하도록 솟아나는 샘물"(요4:14)을 주님께서 이야기하셨을 때 곧바로 "주여 그런 물을 내게 주사 목마르지도 않고 또 여기물 길으러 오지도 않게 하옵소서"(요4:15)라고 말한 것입니다.

조금만 들여다보면 우리도 이 여인처럼 늘 목이 마릅니다. 인생을 열심히 살기 위해 몸부림치지만 언제나 부족한 것을 경험합니다. 세상 모든 사람의 공통된 모습입니다. 먹기 위해 일하고 있는 것일 뿐 사람들에게 참된 기쁨이 없습니다. '죽지 못해 산다.' 그것이 인간의 진실입니다. 그렇지만 혹시나 있을지도 모르는 파랑새를 찾아 행복을 추구합니다. 그녀가 여섯 번째 남편을 만나 사는 것처럼 말입니다. 그런데도 그녀는 행복하지 않았습니다. 그리고 어떤 것으로도 자신을 행복하게 할 수 없다는 것을 알고 있었습니다. 그래서 비참한 것입니다. 그렇다면 어떻게 행복할 수 있는 것입니까?

* 묵상질문

혹시 이 여인처럼 생각하시지는 않습니까? 예수 외에 다른 것에 기웃거리며 매달려 있지는 않습니까?

예수가 그리스도이시다

* Lexio 읽기 / 요한복음 4:13-26

가능하면 오늘의 본문을 먼저 읽는 것이 좋지만 바로 아래 글을 읽어도 좋습니다. 충분히 본문을 이해하도록 배려하며 글을 썼습니다. 혹시 본문을 읽으신 분은 감동이 오는 말씀이나 단어 혹은 느낌을 간단히 적으시면 좋습니다.

> "여자가 대답하여 이르되 나는 남편이 없나이다 예수께서 이르시되 네가 남편이 없다 하는 말이 옳도다 너에게 남편 다섯이 있었고 지금 있는 자도 네 남편이 아니니 네 말이 참되도다"(요4:17-18)

여인은 행복을 찾아다녔습니다. 근사한 남편이 행복을 가져다줄 것으로 생각했을지도 모릅니다. 하지만 지금 예수님께 고백하는 것처럼 거기서 행복이 오지 않는다는 것을 알게 됩니다. 그녀는 마실 물을 길으러 왔지만 사실은 근원적 목마름을 겪고 있는 상태였습니다. 그런 그녀가 예수님을 만난 것입니다. 그분의 말이 놀라웠습니다.

> "이 물을 마시는 자마다 다시 목마르려니와 내가 주는 물을 마시는 자는 영원히 목마르지 아니하리니 내가 주는 물은 그 속에서 영생하도록 솟아나는 샘물이 되리라"(요4:13-14)

자신의 상황을 파악한 것을 본 여자는 이상한 말을 하기 시작합니다. 놀랍게도 예배에 대한 이야기였습니다. 그러니까 여자는 알고 있었던 것입니다. 자신이 추구했던 세상적인 것으로는 만족할 수 없다는 것을 말입니다. 하나님 외에는 방법이 없다는 것을 이미 알고 있었습니다. 그런 까닭에 그녀는 자신의 처지로 인해서 성전에서 예배할 수 없는 것을 토로한 것입니다. 그때 주님께서 모든 것을 깨는 놀라운 말씀을 하셨습니다. '너도 얼마든지 예배할 수 있다'라는 말씀이었습니다.

> "아버지께 참되게 예배하는 자들은 영과 진리로 예배할 때가 오
> 나니 곧 이 때라 아버지께서는 자기에게 이렇게 예배하는 자들
> 을 찾으시느니라 하나님은 영이시니 예배하는 자가 영과 진리로
> 예배할지니라"(요4:23-24)

여인은 그것을 인정합니다. 그리고 매우 깊이 있는 신앙적 질문을 던집니다. '메시야, 곧 그리스도가 오셔야 가능한 것이 아닌가?' 그런 질문 앞에 주님은 지체할 이유가 전혀 없었습니다. 주님 스스로 자신이 누구신지를 드러내셨습니다. 강력한 사랑의 선포였습니다.

> "예수께서 이르시되 네게 말하는 내가 그라 하시니라"(요4:26)

＊ 묵상질문
강력한 주님의 대답입니다. '예수가 그리스도이십니다.' 잊지 마십시오.

자유의 근원

* Lexio 읽기 / 요한복음 4:27-42
가능하면 오늘의 본문을 먼저 읽는 것이 좋지만 바로 아래 글을 읽어도 좋습니다. 충분히 본문을 이해하도록 배려하며 글을 썼습니다. 혹시 본문을 읽으신 분은 감동이 오는 말씀이나 단어 혹은 느낌을 간단히 적으시면 좋습니다.

"예수께서 이르시되 네게 말하는 내가 그라 하시니라"(요4:26)

여자는 예수님의 말씀을 들으면서 그리스도의 임재를 경험합니다. 어두웠던 모든 것이 환하게 열리는 경험을 한 것입니다. 앞에서 했던 여자의 이야기를 떠올려보면 그녀가 얼마나 자신을 빛으로 인도해 줄 메시야를 간절히 기다렸는지를 알 수 있습니다.

"여자가 이르되 메시야 곧 그리스도라 하는 이가 오실 줄을 내
가 아노니 그가 오시면 모든 것을 우리에게 알려 주시리이다"
(요4:25)

그런데 메시야를 만난 것입니다. 그리스도를 경험한 것입니다. 여자는 지체할 수 없었습니다. 그녀는 물동이를 버리고 마을로 뛰어 들어갑니다. 그녀의 외침은 명확한 신앙고백이었습니다.

"와서 보라 이는 그리스도가 아니냐"(요4:29)

안드레와 함께 가이사랴 빌립보에서 했던 베드로보다 앞선 신앙고백입니다. 그리고 그녀는 물동이를 버리는 것으로 자신의 신앙을 나타냈습니다. 하지만 우리는 너무 붙잡고 있습니다. 모르기 때문일 것입니다. 안다면 이 여자의 고백과 행동처럼 할 것입니다. 이것이 그리스도 안에서 누리는 자유이기 때문입니다.

"진리를 알지니 진리가 너희를 자유롭게 하리라"(요8:32)

이 기막힌 말씀대로 이루어졌습니다. 여자의 행동에서 우리는 자유를 엿볼 수 있습니다. 예수 그리스도를 아는 것이 모든 문제의 실제적 해결이었던 것입니다. '아는 것이 자유의 근원이었다!' 그렇습니다. 바울도 같은 얘기를 한 적이 있습니다.

"그러나 나에게 유익했던 이런 것들을 나는 그리스도를 위해서 장해물로 여겼습니다. 그뿐만 아니라 나에게는 모든 것이 다 장해물로 생각됩니다. 나에게는 내 주 그리스도 예수를 아는 지식이 무엇보다도 존귀합니다. 나는 그리스도를 위해서 모든 것을 잃었고 그것들을 모두 쓰레기로 여기고 있습니다."(공동번역/빌3:7-8)

* 묵상질문
그리스도를 아는 것, 하나님을 아는 것이 모든 물음의 해답입니다. 그러므로 주님 알기를 더 추구하십시오.

매우 단순한 믿음

* Lexio 읽기 / 요한복음 4:43-54
가능하면 오늘의 본문을 먼저 읽는 것이 좋지만 바로 아래 글을 읽어도 좋습니다. 충분히
본문을 이해하도록 배려하며 글을 썼습니다. 혹시 본문을 읽으신 분은 감동이 오는 말씀이
나 단어 혹은 느낌을 간단히 적으시면 좋습니다.

> "예수께서 다시 갈릴리 가나에 이르시니 전에 물로 포도주를 만
> 드신 곳이라 왕의 신하가 있어 그의 아들이 가버나움에서 병들
> 었더니"(요4:46)

가버나움에 살고 있던 신하가 있었습니다. 정황상 갈릴리 지역을 통
치하고 있었던 헤롯 안티파스의 신하로 보입니다. 그런 그가 예수님이
갈릴리 가나에 오신다는 소식을 듣고 예수님을 찾아왔습니다. 사랑하
는 아들이 죽을 지경에 있었기 때문입니다. 왕의 신하는 자신의 아들
을 고쳐달라고 요청합니다. 그런데 주님은 그 사람에게 엉뚱한 이야기
를 하셨습니다.

> "예수께서 이르시되 너희는 표적과 기사를 보지 못하면 도무지
> 믿지 아니하리라"(요4:48)

이 같은 예수님의 말씀을 들으면서 왕의 신하는 단지 고쳐주시기를
기다립니다. 그때 예수님은 매우 정확하면서도 당황스러운 선언을 하
셨습니다.

"가라 네 아들이 살아 있다"(요4:50)

주님은 어떤 표적도 보이시지 않으시고 매우 단순한 믿음을 요구하신 것입니다. 왕의 신하는 예수님의 말씀을 믿고 집으로 돌아가는데, 도중에 아들이 나았다는 소식을 듣습니다. 매우 단순해 보이는 믿음의 공식입니다. 원래 이것이 믿음의 공식입니다. 하지만 우리는 왕의 신하와 달리 예수님이 말씀하셨던 "표적과 기사를 보지 못하면 도무지 믿지 아니"하는 믿음의 경향을 갖고 있습니다. 소위 조건적인 믿음입니다. 다시 말해서 믿음이 먼저인 것이 아니라 표적을 먼저 구하는 것입니다. 예를 들면 이런 모습들입니다.

'이 병을 고쳐주시면 열심히 교회 다니겠습니다.'
'직장 문제를 해결해 주시면 하나님을 열심히 믿겠습니다.'
'이번 계약만 해결해 주시면 십일조도 하고 열심히 봉사하겠습니다.'

이런 모습들이 표적을 구하는 믿음입니다. 우리의 믿음이 능력 없는 이유입니다. 온전한 믿음이 아니기 때문입니다.

* 묵상질문
나의 믿음은 어떻습니까? 어떤 모습의 믿음이라고 생각하십니까?

주님이 먼저 원하신다

* Lexio 읽기 / 요한복음 5:1-13
가능하면 오늘의 본문을 먼저 읽는 것이 좋지만 바로 아래 글을 읽어도 좋습니다. 충분히 본문을 이해하도록 배려하며 글을 썼습니다. 혹시 본문을 읽으신 분은 감동이 오는 말씀이나 단어 혹은 느낌을 간단히 적으시면 좋습니다.

> "예루살렘에 있는 양문 곁에 히브리 말로 베데스다라 하는 못이
> 있는데 거기 행각 다섯이 있고 그 안에 많은 병자, 맹인, 다리 저
> 는 사람, 혈기 마른 사람들이 누워 물의 움직임을 기다리니"
>
> (요5:2-3)

예수님께서 유월절이 되어 예루살렘에 들어가실 때 양문 곁 베데스다 못 가에서 38년 동안이나 누워있었던 병자를 만나게 되었습니다. 그 병자는 천사가 내려와서 베데스다 못이 동할 때 제일 먼저 들어가면 병이 낫는다는 전설을 삶의 유일한 소망으로 믿고 있었습니다. 하지만 전설이 사실이라 해도 나을 수 있는 확률은 없었습니다. 다른 사람보다 연못에 빨리 들어갈 수 없었기 때문입니다.

> "주여 물이 움직일 때에 나를 못에 넣어 주는 사람이 없어 내가
> 가는 동안에 다른 사람이 먼저 내려가나이다"(요5:7)

예수님은 그런 그의 간절한 마음을 아시고 "네가 낫고자 하느냐"(요5:6)라고 물으셨지만, 그의 관심은 오로지 자신을 못에 넣어 줄 사람을

찾는 것이었습니다. 지금 자신의 눈앞에 예수가 계신데 말입니다. 왜 이런 현상이 벌어지는 것입니까? 당연히 예수를 모르기 때문입니다. 그럼에도 주님은 그 사람을 고쳐주셨습니다.

"일어나 네 자리를 들고 걸어가라"(요5:8)

그의 믿음과는 전혀 관계없는 은혜 사건입니다. 주님은 지금 눈앞에 보이는 문제에만 집중하는 사람을 고치셨습니다. 어떤 조건이 이루어져서가 아니라 주님이 원하셨기 때문입니다. 여하튼 고침 받은 그는 엄청나게 기뻤을 것입니다. 그는 자신이 깔고 앉았던 거적때기를 들고 예루살렘 거리를 돌아다닙니다.

"그 사람이 곧 나아서 자리를 들고 걸어가니라 이 날은 안식일이 니"(요5:9)

그가 갑자기 과도하게 돌아다니는 것을 보자 유대인들은 그것을 노동으로 간주하고, 안식일을 범하는 것이라 경고하며 누가 고친 것인지를 묻습니다. 그런데 그는 누가 고쳤는지를 모릅니다. 치유는 전적인 주님의 일방적인 은혜였다는 뜻입니다.

* 묵상질문
이 사건에서 분명히 알 수 있듯이 주님은 우리를 고치시고 새롭게 하시길 원하십니다. 우리보다 주님이 먼저 원하십니다. 잊지 마십시오.

더 나빠질 수 있다

* Lexio 읽기 / 요한복음 5:14
가능하면 오늘의 본문을 먼저 읽는 것이 좋지만 바로 아래 글을 읽어도 좋습니다. 충분히 본문을 이해하도록 배려하며 글을 썼습니다. 혹시 본문을 읽으신 분은 감동이 오는 말씀이나 단어 혹은 느낌을 간단히 적으시면 좋습니다.

"그들이 묻되 너에게 자리를 들고 걸어가라 한 사람이 누구냐 하되 고침을 받은 사람은 그가 누구인지 알지 못하니 이는 거기 사람이 많으므로 예수께서 이미 피하셨음이라"(요5:12-13)

38년 된 병자는 누가 자신을 고쳤는지 몰랐습니다. 병자에게 예수님은 관심의 대상이 아니었습니다. 그의 유일한 관심사는 자신의 병이 나은 것이었습니다. 그는 예수를 찾지도 않았습니다. 예수님이 피하시긴 하셨지만 그가 조금만 노력을 기울이고 수소문했으면 충분히 알 수 있었습니다. 하지만 그렇게 하지 않았습니다. 고침 받은 그는 예수를 여전히 모르고 있었습니다.

더욱이 그가 모르고 있던 것이 있습니다. 그가 병에서 치유되었을지는 몰라도 그의 근원적인 병인 죄에서 놓임 받은 것은 아니라는 사실입니다. 나중에 예수께서 그를 성전에서 만났을 때 "다시는 죄를 범하지 말라"(요5:14)고 말씀하셨는데, 동사 시제가 현재 능동태라는 점에 주의할 필요가 있습니다. 이는 병자는 계속 죄를 범하고 있었으며, 그의 병 고침은 죄 사함과 관계없음을 뜻합니다.

잊지 말아야 할 내용입니다. 문제가 해결된 것은 분명 즐거운 일이지만 그것이 절대적으로 중요한 것이 아닙니다. 고통하던 문제의 해결이 죄의 해결을 의미하는 것은 아닙니다. 그런데 우리는 오해합니다. 문제가 없으면, 세상 일이 잘 되면, 평안한 상태가 유지되면 자신이 괜찮은 것이라고 오해합니다. 절대로 아닙니다. 오히려 주님의 무조건적이고 일방적인 은혜를 누렸음에도 불구하고 죄를 계속 범한다면 주님의 말씀처럼 "더 심한 것"(요5:14)에 노출될 수도 있다는 것에 주의해야 합니다. 그런데 우리는 이것을 모릅니다. 당장 지금 나은 것에만 흥분합니다. 현상적인 문제가 해결된 것으로 날뛰고 좋아합니다. 천만의 말씀입니다. 더 나빠질 수 있습니다.

몸의 평안, 삶의 성공, 부유와 번영이 죄가 없음을 말하는 것이 아닙니다. 기독교가 가장 착각하는 부분입니다. 오히려 죄를 범하는 상태에서 부유와 성공에 도취되는 것은 "더 심한 것"에 노출되게 하는 요인임을 잊어서는 안 됩니다. 성공이 독이 될 수도 있다는 뜻입니다.

* 묵상질문
죄는 죄입니다. 성공과 부유 때문에 오해해서는 안 됩니다. 잊지 마십시오.

- -

- -

우리의 상황과도 관계없다

* Lexio 읽기 / 요한복음 5:10-18

가능하면 오늘의 본문을 먼저 읽는 것이 좋지만 바로 아래 글을 읽어도 좋습니다. 충분히 본문을 이해하도록 배려하며 글을 썼습니다. 혹시 본문을 읽으신 분은 감동이 오는 말씀이나 단어 혹은 느낌을 간단히 적으시면 좋습니다.

> "유대인들이 병 나은 사람에게 이르되 안식일인데 네가 자리를 들고 가는 것이 옳지 아니하니라 대답하되 나를 낫게 한 그가 자리를 들고 걸어가라 하더라 하니"(요5:10-11)

38년 된 병자는 자신의 행동이 안식일을 범하는 것이라고 생각하지 못했습니다. 그런데 그것이 문제가 되었습니다. 특히 유대인을 비롯한 예루살렘의 종교 지도자들은 매우 민감하게 반응하였습니다. 그들은 병자가 안식일에 고침 받은 사건을 비판하면서 "너에게 자리를 들고 걸어가라 한 사람이 누구냐"(요5:12)라고 강하게 묻습니다.

병자는 상황이 매우 긴박하게 돌아가고 있으며, 우호적이지 않고 적대적인 상황이라는 것을 충분히 알았을 것입니다. 그렇다면 자신을 고쳐준 이를 알았어도 말하지 말았어야 합니다. 그런데 그는 '예수'라 말했습니다. 자신이 회피할 구실을 찾은 것일 수 있습니다. 여하튼 그로 인해 '예수'가 누구인지 드러나게 되었고 예수를 핍박하는 또 하나의 이유가 되었습니다.

"그 사람이 유대인들에게 가서 자기를 고친 이는 예수라 하니라
그러므로 안식일에 이러한 일을 행하신다 하여 유대인들이 예수
를 박해하게 된지라"(요5:15-16)

하지만 예수님은 그 병자의 배은망덕한 반응이나 자기 상자에 갇혀
서 무지한 결단을 내린 유대인들을 바라보면서도 아무 기색 없이 자신
의 사역을 수행하셨습니다. 눈에 보이는 상황, 현실과 전혀 관계없이
행동하신 것입니다.

"예수께서는 그들에게 '내 아버지께서 언제나 일하고 계시니 나
도 일하는 것이다.' 하고 말씀하셨다."(공동번역/요5:17)

주님은 언제나 우리의 상황과 관계없이 일하십니다. 그러나 이러한
주님의 말씀은 또 다른 트집거리가 되었습니다. 이미 그들은 예수를
잡아 죽이기로 작정했기 때문입니다. 어쩔 수 없는 족속입니다.

"유대인들이 이로 말미암아 더욱 예수를 죽이고자 하니 이는 안
식일을 범할 뿐만 아니라 하나님을 자기의 친 아버지라 하여 자
기를 하나님과 동등으로 삼으심이러라"(요5:18)

* 묵상질문
주님은 우리의 상황과 관계없이 구원 계획을 진행하십니다. 주님은 우리가 어떠하든지 구
원하길 원하시기 때문입니다. 이것이 중요합니다.

믿고 있다면

* Lexio 읽기 / 요한복음 5:19-24
가능하면 오늘의 본문을 먼저 읽는 것이 좋지만 바로 아래 글을 읽어도 좋습니다. 충분히
본문을 이해하도록 배려하며 글을 썼습니다. 혹시 본문을 읽으신 분은 감동이 오는 말씀이
나 단어 혹은 느낌을 간단히 적으시면 좋습니다.

"안식일에 이러한 일을 행하신다 하여 유대인들이 예수를 박해하
게 된지라 예수께서 그들에게 이르시되 내 아버지께서 이제까지
일하시니 나도 일한다 하시매 유대인들이 이로 말미암아 더욱
예수를 죽이고자 하니"(요5:16-18)

예수님은 안식일에 병을 고치시고, 하나님을 아버지라 부르심으로
자신이 누구인지를 드러내셨습니다. 또 38년 된 병자를 아무런 도구나
치료 행위 없이 고치셨습니다. 하지만 사람들, 그것도 하나님을 잘 믿
는다고 스스로 이야기하는 유대인들은 주님을 몰랐습니다.

그들이 하나님과 상관없는 존재들이어서 그랬던 것입니까? 아닙니
다. 그들은 자신들이 하나님을 잘 믿고 있다고 생각했습니다. 하나님
이 하신 말씀을 정말 잘 지키려고 애를 썼습니다. 그중 하나가 안식일
과 같은 율법입니다. 열심히 지켰습니다. 그런데 그 율법에 대한 '열심'
이 그들로 하여금 하나님의 아들 예수를 몰라보게 만들었습니다. 예수
그리스도의 모든 행동이 하나님의 아들임을 증명하고 있는데도 말입
니다.

"아들이 아버지께서 하시는 일을 보지 않고는 아무 것도 스스로
할 수 없나니 아버지께서 행하시는 그것을 아들도 그와 같이 행
하느니라"(요5:19)

'예수가 하나님의 아들인가?' 이것은 제자들도 던졌던 질문입니다.
빌립이 주님께 "아버지를 우리에게 보여 주옵소서"(요14:8)라고 물을
때였습니다. 그때 주님은 이렇게 말씀하셨습니다.

"내가 아버지 안에 거하고 아버지께서 내 안에 계심을 믿으라 그
렇지 못하겠거든 행하는 그 일로 말미암아 나를 믿으라"(요14:11)

우리는 여기서 믿음이 얼마나 놀라운 것인지를 알 수 있습니다. 그
러므로 이미 예수를 믿고 있다면 그것으로 충분한 것입니다. 그래서
주님이 이렇게 선포하신 것입니다.

"내가 진실로 진실로 너희에게 이르노니 내 말을 듣고 또 나 보내
신 이를 믿는 자는 영생을 얻었고 심판에 이르지 아니하나니 사
망에서 생명으로 옮겼느니라"(요5:24)

* 묵상질문
우리가 믿고 있다는 것은 기적이고 엄청난 일입니다. 믿음을 갖고 있다면 즐거워하십시오.
그렇게 믿게 되었다는 것 자체가 성령의 감동으로 된 것이기 때문입니다.

지금 곧 오늘!

* Lexio 읽기 / 요한복음 5:24-25

가능하면 오늘의 본문을 먼저 읽는 것이 좋지만 바로 아래 글을 읽어도 좋습니다. 충분히 본문을 이해하도록 배려하며 글을 썼습니다. 혹시 본문을 읽으신 분은 감동이 오는 말씀이나 단어 혹은 느낌을 간단히 적으시면 좋습니다.

> "내가 진실로 진실로 너희에게 이르노니 내 말을 듣고 또 나 보내
> 신 이를 믿는 자는 영생을 얻었고 심판에 이르지 아니하나니 사
> 망에서 생명으로 옮겼느니라"(요5:24)

분명하게 주님은 "사망에서 생명으로 옮겼느니라"라고 선언하셨습니다. 여기서 '옮기다'로 쓰인 헬라어 동사 '메타바이노'는 직설법 완료 능동태로 상황 종료를 의미합니다. "영생을 얻었고" 역시 같은 시제입니다. 다 끝났다는 말입니다. 'already!' 이미 이뤄졌습니다. 우리의 상태입니다.

하지만 이상합니다. 우리는 아직 끝나지 않았고 이 세상을 살고 있기 때문입니다. 우리는 사망에서 생명으로 옮겨진 현재 종료적 상태에 있지만(already), 그 마지막 심판에는 아직 이르지 않았습니다(not yet). 그래서 동사 '에르코마이'(come)가 중간태 디포넌트(*형태는 수동이지만 뜻은 능동으로 해석되는 동사)로 쓰인 것입니다. 하나님의 계획과 의지대로 움직여 분명히 모든 것이 이뤄지지만 아직 최종 심판이 남아 있는 것입니다.

정리하면 이렇습니다. 이미 우리 구원은 완성된 상태입니다. 그런 의미에서 'already'입니다. 하지만 최종 심판 날은 아직 이르지 않았습니다. 그런 의미에서 'not yet'입니다. 이제 남은 것은 우리가 하나님이신 예수 그리스도의 말씀을 듣고 믿는 것입니다. 만일 말씀이 나에게 살아서 다가오고 있다면 지금 받아들여야 합니다.

> "진실로 진실로 너희에게 이르노니 죽은 자들이 하나님의 아들의
> 음성을 들을 때가 오나니 곧 이 때라 듣는 자는 살아나리라"
>
> (요5:25)

왜 지금 받아들여야 합니까? 들리기 때문입니다. 우리는 본질적으로 "죽은 자들"이기에 들을 수 없습니다. 그런데 지금 들린다면 그것은 오직 은총입니다. '들린다면, 이해된다면 지금 당장 받아들여라!' 기독교의 신앙은 '지금', '오늘'의 신앙입니다.

> "보라 지금은 은혜 받을 만한 때요 보라 지금은 구원의 날이로다"
>
> (고후6:2)

* 묵상질문
지금 내가 믿고 있다는 것, 지금 믿을 수 있다는 것을 기뻐하십시오. 당장 주님께로 더 가까이 나아가십시오. 그 축복을 절대로 놓치지 마십시오.

들려서 듣는 상태

* Lexio 읽기 / 요한복음 5:24-29
가능하면 오늘의 본문을 먼저 읽는 것이 좋지만 바로 아래 글을 읽어도 좋습니다. 충분히 본문을 이해하도록 배려하며 글을 썼습니다. 혹시 본문을 읽으신 분은 감동이 오는 말씀이나 단어 혹은 느낌을 간단히 적으시면 좋습니다.

> "진실로 진실로 너희에게 이르노니 죽은 자들이 하나님의 아들의
> 음성을 들을 때가 오나니 곧 이 때라 듣는 자는 살아나리라"
> (요5:25)

"곧 이 때" 우리는 지금 당장 믿을 수 있는 것을 지체합니다. 즉각 믿음과 헌신으로 나아가지 않습니다. 심지어 마음에 들리는데도 유보합니다. 그때 우리는 하나님과 상관없는 자가 될 것입니다. 하나님께서 성령을 통하여 주시는 감동을 내가 거부하는 것이기 때문입니다. 그러므로 들리면 반응하고 받아들이며 행동하는 것이 중요합니다. 그래야 우리는 새로운 지평으로 들어서게 되기 때문입니다.

> "이를 놀랍게 여기지 말라 무덤 속에 있는 자가 다 그의 음성을
> 들을 때가 오나니 선한 일을 행한 자는 생명의 부활로, 악한 일
> 을 행한 자는 심판의 부활로 나오리라"(요5:28-29)

주님은 더욱 적극적으로 우리가 죽은 상태를 가정해서 설명하십니다. 미래 어느 날, 주님의 음성이 온 천하에 드러날 때 곧 심판 날에 무

덤 속에 있는 자까지 그 음성을 듣게 되면 부활로 나아온다는 것입니다. 사실 이 말씀은 미래 심판의 때가 아니라 지금을 강조하신 것입니다. 말씀을 들을 수 있는 지금이 중요하다고 말씀하신 것입니다.

> "내 말을 듣고... 믿는 자는 영생을 얻었고... 죽은 자들이 하나님
> 의 아들의 음성을 들을 때가 오나니 곧 이 때라 듣는 자는 살아
> 나리라"(요5:24-25)

이 같은 관심에서 다시 28-29절을 읽으면 보이는 것이 있습니다. "선한 일을 행한 자는 생명의 부활로, 악한 일을 행한 자는 심판의 부활로 나오리라"(요5:29)라는 말씀인데, 단순히 미래적인 부활만이 아니라 오늘을 말하고 있습니다. 다시 정리하여 번역한 것을 읽어 보십시오.

> "내가 하는 말에 놀라지 마십시오. 무덤 속에 있는 자와 같이 완
> 전히 죽은 자된 사람들이 주님의 음성을 들을 때가 올 텐데 바로
> 지금입니다. 그 음성을 듣는 가장 좋은 일을 하면 생명의 부활을
> 얻을 것이고 그 음성을 듣지 않고 거부하는 악한 일을 하면 심판
> 의 부활로 나아가게 될 것입니다."(하정완의역/요5:28-29)

* 묵상질문
가장 좋은 일은 주님의 말씀이 들려서 듣는 것입니다. 그렇다면 나는 어떤 상태입니까?

스스로 자신을 드러내심으로

* Lexio 읽기 / 요한복음 5:30-38

가능하면 오늘의 본문을 먼저 읽는 것이 좋지만 바로 아래 글을 읽어도 좋습니다. 충분히 본문을 이해하도록 배려하며 글을 썼습니다. 혹시 본문을 읽으신 분은 감동이 오는 말씀이나 단어 혹은 느낌을 간단히 적으시면 좋습니다.

"듣는 자는 살아나리라"(요5:25)

우리의 가장 큰 문제는 하나님의 음성을 듣지 못하는 데 있습니다. 우리가 하나님의 음성을 들으려고 하지 않고 혹은 하나님을 자신의 뜻대로, 자신의 틀 속에 가두어 놓기 때문입니다. 하나님은 이 같은 우리를 포기하지 않으시고 오히려 더 적극적으로 자신을 계시하셨습니다. 그 정점에 계신 분이 바로 예수 그리스도입니다. 예수 그리스도는 하나님 자신이시고, 예수님을 아는 것이 바로 하나님을 아는 것이기 때문입니다.

"나를 본 자는 아버지를 보았거늘 어찌하여 아버지를 보이라 하
느냐 내가 아버지 안에 거하고 아버지는 내 안에 계신 것을 네가
믿지 아니하느냐"(요14:9-10)

문제는 사람들입니다. 그래서 주님은 세례 요한을 통하여 자신이 증거 되는 것을 허락하셨습니다. 이것은 대단한 모욕을 감수한 사건이었습니다. 하나님이신 예수 그리스도는 누군가를 통해 자신이 '참'이라는

것을 증거할 이유가 없기 때문입니다. 그럼에도 불구하고 세례 요한을 통하여 자신이 증거 되는 것을 허락하신 것은 그 사건을 통해 우리가 구원받기를 원하셨기 때문입니다.

> "너희가 요한에게 사람을 보내매 요한이 진리에 대하여 증언하였
> 느니라 그러나 나는 사람에게서 증언을 취하지 아니하노라 다만
> 이 말을 하는 것은 너희로 구원을 받게 하려 함이니라"(요5:33-34)

주님은 요한의 증거를 받아들이지 않았던 사람들을 향해서도 자신을 낮추시고 수많은 기적과 치유 등을 통하여 스스로를 증거하셨습니다. 심지어 하나님까지도 예수 그리스도를 증언하셨습니다. 그럼에도 불구하고 사람들은 예수의 그리스도 됨을 믿지 않았습니다.

> "또한 나를 보내신 아버지께서 친히 나를 위하여 증언하셨느니라
> 너희는 아무 때에도 그 음성을 듣지 못하였고 그 형상을 보지 못
> 하였으며 그 말씀이 너희 속에 거하지 아니하니 이는 그가 보내
> 신 이를 믿지 아니함이라"(요5:37-38)

* 묵상질문

우리는 어떻습니까? 우리는 자신을 스스로 드러내심으로 증언하신 예수님을 온전히 믿고 있습니까?

사랑이면 충분하다

* Lexio 읽기 / 요한복음 5:39-47
가능하면 오늘의 본문을 먼저 읽는 것이 좋지만 바로 아래 글을 읽어도 좋습니다. 충분히
본문을 이해하도록 배려하며 글을 썼습니다. 혹시 본문을 읽으신 분은 감동이 오는 말씀이
나 단어 혹은 느낌을 간단히 적으시면 좋습니다.

> "또한 나를 보내신 아버지께서 친히 나를 위하여 증언하셨느니
> 라"(요5:37)

성경의 많은 곳에서 우리는 하나님이 예수를 증거하신 예를 찾아볼
수 있습니다. 오늘날의 성경은 그 자체로 증거입니다. 그러므로 성경
을 통하여 우리는 주님을 알 수 있습니다.

> "너희가 성경에서 영생을 얻는 줄 생각하고 성경을 연구하거니와
> 이 성경이 곧 내게 대하여 증언하는 것이니라"(요5:39)

그런데 열심히 성경을 연구하는데도 불구하고 음성을 듣지 못합니
다. 왜 그렇습니까? 그것은 하나님의 음성을 들을 수 있는 체계가 우
리 안에 없기 때문입니다. 쉬운 말로 하면 우리 안에 주님의 말씀, 하
나님이 음성이 머물 공간이 존재하지 않는다는 뜻입니다. 주님은 그
까닭을 우리가 믿지 않기 때문이라고 직설적으로 말씀하십니다. 성경
을 읽고 열심히 공부하지만 말씀을 진정으로 들으려 하지 않는 것이
고, 주님을 구주로 고백하고 믿는 것 같지만 깊이 있게 반응하지 않는

다는 뜻입니다. 그 이유를 이렇게 요한은 말합니다.

> "다만 하나님을 사랑하는 것이 너희 속에 없음을 알았노라"
> (요5:42)

의도의 문제입니다. 우리의 믿음이 하나님을 사랑함에서 나온 것이 아니라 자신을 사랑하는 것에 근거하고 있다는 뜻입니다. 하나님의 존재하심이나 하나님의 의도, 하나님의 뜻은 관심 없고 오로지 자기 사랑에서 나온 믿음이라는 말입니다. 그래서 하나님의 음성이 들리지 않는 것입니다. 자신에게 갇혀서 자신만 바라보는 이기적 믿음을 소유하고 있기 때문입니다. 그러므로 지금 우리에게 필요한 것은 하나님을 사랑하는 거룩한 의도입니다. 주님이 원하시는 것도 그것이라 해도 틀리지 않습니다. 사랑 말입니다.

> "나의 계명을 지키는 자라야 나를 사랑하는 자니 나를 사랑하는
> 자는 내 아버지께 사랑을 받을 것이요 나도 그를 사랑하여 그에
> 게 나를 나타내리라"(요14:21)

* 묵상질문
우리의 사랑이면 충분합니다. 그때 우리는 듣고 보고 만나게 될 것입니다. 그 사랑이 있습니까?

제 4 부

분명한 믿음의 요구

예수님은 누구이신가?

* Lexio 읽기 / 요한복음 6:1-15
가능하면 오늘의 본문을 먼저 읽는 것이 좋지만 바로 아래 글을 읽어도 좋습니다. 충분히
본문을 이해하도록 배려하며 글을 썼습니다. 혹시 본문을 읽으신 분은 감동이 오는 말씀이
나 단어 혹은 느낌을 간단히 적으시면 좋습니다.

> "그 후에 예수께서 디베랴의 갈릴리 바다 건너편으로 가시매 큰
> 무리가 따르니 이는 병자들에게 행하시는 표적을 보았음이러라"
> (요6:1-2)

예수님께 나아온 무리들은 우연히 모인 이들이 아니었습니다. 행하
신 기적과 병자들이 낫는 것을 보고 매우 의도적으로 찾아온 사람들이
었습니다. 그들 중 일부는 예수님을 자신들이 기다리던 선지자로 생각
했고, 그것을 확인하고 싶었던 것으로 보입니다. 그래서 오병이어로
오천 명을 먹이셨을 때 예수님을 "그 선지자"라고 말한 것입니다.

> "그 사람들이 예수께서 행하신 이 표적을 보고 말하되 이는 참으
> 로 세상에 오실 그 선지자라 하더라"(요6:14)

"그 선지자", 누구를 말하는 것입니까? 유대인들에게는 "신명기 18
장 15절에 근거하여 종말에 모세와 같은 선지자를 일으켜서 이스라엘
에게 제2출애굽 구원을 주실 것이라는 소망"(김세윤, 「요한복음 강해」,
두란노, 109쪽)이 있었습니다. 그래서 예수님께서 오병이어 기적을 행

하자 그들은 "애굽에서 이스라엘을 해방하여 홍해를 기적적으로 건너게 하고 광야에서 기적적으로 만나를 먹도록 한 모세와 같이, 예수께서 제2출애굽 구원 또는 유월절 구원을 이루실 분이라고 해석"(김세윤, 109쪽) 한 것입니다.

이런 까닭에 그들은 예수님의 기적을 보고 한 걸음 더 나갑니다. 예수님을 "임금"(요6:15) 삼으려 시도한 것입니다. 실질적으로 왕과 같은 존재였던 모세의 귀환을 기대했던 것입니다. 물론 예수님은 그런 반응에 동의하지 않고 피하셨습니다. 사람들의 의도를 정확하게 아시고 부인하신 것입니다.

예수님은 누구십니까? 어느 날부터인가 한국교회는 예수님을 단순히 현세적 구원을 위한 분으로 규정하려는 경향을 보입니다. 예수님이라는 이름 자체가 행복이자 만족인데 말입니다. 우리는 잊지 말아야 합니다. '예수님은 이 세상에서의 삶만을 만족시켜주시는 세속적인 왕으로 오신 것이 아니라 우리의 주님이 되기 위해서 오셨다'라는 사실 말입니다. 이것이 진리입니다.

* **묵상질문**
예수님에 대한 나의 이해는 어떻습니까? 나에게 어떤 분이십니까? 어떤 주님이십니까?

내면의 동기는 순수한가?

* Lexio 읽기 / 요한복음 6:16-27

가능하면 오늘의 본문을 먼저 읽는 것이 좋지만 바로 아래 글을 읽어도 좋습니다. 충분히 본문을 이해하도록 배려하며 글을 썼습니다. 혹시 본문을 읽으신 분은 감동이 오는 말씀이나 단어 혹은 느낌을 간단히 적으시면 좋습니다.

--- --- --- --- --- --- ---

--- --- --- --- --- --- ---

> "예수께서 그들이 와서 자기를 억지로 붙들어 임금으로 삼으려는
> 줄 아시고 다시 혼자 산으로 떠나 가시니라"(요6:15)

예수님께 찾아 나온 군중들의 열정은 대단했습니다. 오병이어 사건을 일으켰던 광야로 나온 것도 우연이 아니었고(요6:2,5), 오병이어 사건 이후에는 예수님을 "참으로 세상에 오실 그 선지자"(요6:14)로 인정하였으며, 심지어 일부는 다윗적 메시야로 이해하여 임금으로 삼으려는 시도를 하였습니다. 한마디로 그들은 차원이 다른 군중이었습니다. 그런 반응에 예수님은 도망치듯이 자리를 피해 제자들과도 떨어져 계셨습니다.

하지만 그들은 포기하지 않았습니다. 예수님의 흔적을 찾던 그들은 한 지점으로 모이기 시작합니다. 그곳은 예수님의 제자들이 배를 타고 가버나움으로 떠난 포구였습니다. 예수님을 찾던 사람들이 탄 여러 척의 배가 거기에 모였습니다. 하지만 그들이 여러 경로를 통하여 확인한 결과 예수님은 제자들의 배에 타지 않으셨다는 사실을 알게 됩니다. 그럼에도 언젠가는 예수님이 제자들을 찾아오실 것이라 생각하고

제자들이 있는 가버나움으로 건너갑니다. 마침내 그들은 예상대로 밤에 물 위로 걸어 제자들의 배에 오르신 주님을 만날 수 있었습니다.

그들은 분명 대단한 열정을 갖고 예수님을 추구하던 사람들이었습니다. 그래서 예수님을 만났을 때 반가움에 겨워 "랍비여 언제 여기 오셨나이까"(요6:25)라고 묻습니다. 하지만 예수님은 그들의 열심에 대한 말씀은 한마디도 하지 않으시고 바로 그들의 동기를 지적하셨습니다.

> "너희가 나를 찾는 것은 표적을 본 까닭이 아니요 떡을 먹고 배부른 까닭이로다 썩을 양식을 위하여 일하지 말고 영생하도록 있는 양식을 위하여 하라"(요6:26-27)

주님은 그들의 열정을 탓하지 않으셨지만, 겉으로 드러난 열정에 속지도 않으셨습니다. 주님은 그들의 마음을 보고 계셨던 것입니다. 숨은 동기를 보신 것입니다. 우리가 주의해야 할 부분입니다. 우리는 동기를 간과하는 경우가 많습니다. 열정은 무조건 옳다고 생각합니다. 하지만 반드시 그런 것이 아님을 잊지 말아야 하며, 그때마다 자신의 동기를 들여다봐야 합니다.

* 묵상질문
열정을 자랑하지 마십시오. 그때마다 당신의 마음을 살펴보십시오. 내면의 동기는 순수하고 정직합니까?

열심을 믿음으로 오해했다

* Lexio 읽기 / 요한복음 6:24-29
가능하면 오늘의 본문을 먼저 읽는 것이 좋지만 바로 아래 글을 읽어도 좋습니다. 충분히 본문을 이해하도록 배려하며 글을 썼습니다. 혹시 본문을 읽으신 분은 감동이 오는 말씀이나 단어 혹은 느낌을 간단히 적으시면 좋습니다.

"무리가 거기에 예수도 안 계시고 제자들도 없음을 보고 곧 배들을 타고 예수를 찾으러 가버나움으로 가서 바다 건너편에서 만나 랍비여 언제 여기 오셨나이까 하니"(요6:24-25)

주님은 무리들의 열심을 "떡을 먹고 배부른 까닭"이라고 해석하셨습니다. 그들은 또 다른 떡, 즉 정치적 권력, 욕망의 성취를 기대하고 있었던 것입니다. 그들이 예수를 "억지로 붙들어 임금"(요6:15) 삼으려는 이유이기도 했습니다.

우리는 열심을 냅니다. 하지만 행여 주님이 우리의 열심에 감복할 것이라고 생각하지 마십시오. 주님의 관심은 우리의 드러난 행위가 아니라 우리의 숨겨진 동기이기 때문입니다. 그들의 드러난 열심은 일종의 '연극성 성격장애'(Histrionic Personality Disorder)였습니다. 자신의 행위를 통하여 상대방의 관심을 끌어 인정받고 싶어 하는 태도를 말합니다. 주님이 정확하게 자신들의 숨은 동기를 발견하고 정확하게 지적하시자 비로소 그들은 솔직한 본래적 질문을 합니다.

"하나님께서 원하시는 일을 하기 위해 우리는 무엇을 해야 합니까?"(쉬운성경/요6:28)

그때 주님 역시 정확하게 자신의 목적을 말씀하시고, 군중들이 해야 할 하나님께서 원하시는 일을 말씀하셨습니다. 더 나아가 그것이 하나님의 일, 하나님적인 일이라고 선언하셨습니다.

"예수께서 대답하여 이르시되 하나님께서 보내신 이를 믿는 것이 하나님의 일이니라"(요6:29)

너무 간단합니다. 하지만 믿는 것은 쉽지 않습니다. 우리는 너무 쉽게 외적인 것을 위하여, 떡을 위하여 믿음을 가질 수 있기 때문입니다. 더욱이 앞에서 지적한 것처럼 열심을 믿음이 있는 것처럼 오해할 수도 있습니다. 그러므로 다시 물어야 합니다. '믿음은 무엇인가? 나는 온전히 믿고 있는가?'

* 묵상질문
만일 우리에게서 열심이라는 행위를 빼내어도 믿음은 여전합니까? 그렇다고 생각하십니까?

놓치지 말아야 할 하나님의 뜻

* Lexio 읽기 / 요한복음 6:30-40
가능하면 오늘의 본문을 먼저 읽는 것이 좋지만 바로 아래 글을 읽어도 좋습니다. 충분히 본문을 이해하도록 배려하며 글을 썼습니다. 혹시 본문을 읽으신 분은 감동이 오는 말씀이나 단어 혹은 느낌을 간단히 적으시면 좋습니다.

> "예수께서 대답하여 이르시되 하나님께서 보내신 이를 믿는 것이
> 하나님의 일이니라 하시니"(요6:29)

주님의 말씀 앞에 그들은 자신들을 돌아봅니다. 그들은 진정 믿음을 갖고 싶었던 것으로 보입니다. 그들은 전에 예수께서 병자를 고친 표적이나 오병이어를 통한 표적을 본 사람들이었지만 또 다른 무게의 질문을 던집니다.

> "당신은 어떤 표적을 행하여 우리가 보고 당신을 믿게 하시겠습
> 니까?"(쉬운성경/요6:30)

솔직한 고백이었습니다. 그들은 예수님을 온전히 믿고 있었던 것이 아니었습니다. 이제야 비로소 가식을 벗고 솔직하고 진정한 신앙적 질문을 시작한 것입니다. 그것은 모세와 만나에 대한 것이었습니다. 그 물음에 대한 예수님의 답변이 약간은 어려웠지만 명료했습니다. 우선 만나는 모세가 준 것이 아니라 하나님 아버지께서 주신 것이고 그 떡은 참된 떡의 그림자에 불과한 것이며 예수님 자신이 생명의 떡이라

고 말씀하셨습니다.

> "나는 생명의 떡이니 내게 오는 자는 결코 주리지 아니할 터이요
> 나를 믿는 자는 영원히 목마르지 아니하리라"(요6:35)

하늘로부터 온 떡을 먹어야 한다는 말씀에 "이 떡을 항상 우리에게
주소서"(요6:34)라고 반응하던 그들은 예수님 자신이 "생명의 떡"이라
고 말씀하시자 전혀 받아들이지 못했습니다. 주님의 말씀을 전혀 이해
할 수가 없었습니다. 그들은 수군거리며 흔들리기 시작했습니다. 그
순간 그들은 가장 중요한 말씀을 간과합니다. 바로 이 말씀입니다.

> "나를 보내신 이의 뜻은 내게 주신 자 중에 내가 하나도 잃어버리
> 지 아니하고 마지막 날에 다시 살리는 이것이니라 내 아버지의
> 뜻은 아들을 보고 믿는 자마다 영생을 얻는 이것이니 마지막 날
> 에 내가 이를 다시 살리리라 하시니라"(요6:39-40)

＊ 묵상질문

이해하기 힘든 성경의 부분을 만날 때 단어나 문장에 집착하지 말고 그 말씀의 맥락을 살
피는 것이 중요합니다. 그런 관점에서 볼 때 주님이 강조하고 싶었던 내용은 무엇이었습니
까? 보이십니까?

온전한 믿음에 이르기 위하여

* Lexio 읽기 / 요한복음 6:41-51

가능하면 오늘의 본문을 먼저 읽는 것이 좋지만 바로 아래 글을 읽어도 좋습니다. 충분히 본문을 이해하도록 배려하며 글을 썼습니다. 혹시 본문을 읽으신 분은 감동이 오는 말씀이나 단어 혹은 느낌을 간단히 적으시면 좋습니다.

"나는 생명의 떡이니 내게 오는 자는 결코 주리지 아니할 터이요 나를 믿는 자는 영원히 목마르지 아니하리라"(요6:35)

그토록 주님을 쫓아다니던 그들이 주님의 이 같은 말씀에 흔들립니다. 마음으로는 예수님의 주장을 받아들이고 싶었지만, 그들이 지닌 경험의 장벽에 강하게 충돌했기 때문입니다. 믿고 싶었지만 자신들의 감각적 경험이 납득하지 못하게 한 것입니다.

"자기가 하늘에서 내려온 떡이라 하시므로 유대인들이 예수에 대하여 수군거려 이르되 이는 요셉의 아들 예수가 아니냐 그 부모를 우리가 아는데 자기가 지금 어찌하여 하늘에서 내려왔다 하느냐"(요6:41-42)

이렇게 반응한 까닭은 그들의 경험 때문이었습니다. 그들이 잘 아는 요셉과 마리아라는 경험이 예수를 받아들이지 못하게 한 것이었습니다. 그들의 이런 모습이 아쉽긴 하지만 그들이 흔들린 것은 좋은 것입니다. 만일 그들이 잘못된 이해로 예수님을 믿는다면 주님은 하나님의 아들 메시야가 아니라 로마로부터 구원할 정치적 메시야로 전락하기 때문입니다. 그러므로 언제나 바른 믿음이 중요합니다. 반드시 잘 알고 믿어야 합니다. 이단이 성행하고 시끄럽게 난리를 치는 것은 우리가 무지한 상태에서 빚어진 맹목적인 믿음 때문입니다.

주님의 말씀과 이들의 반응을 보면서 깊이 깨달아야 할 것은 믿음이란 단순히 우리 의지의 정도가 아니라는 점입니다. 믿음 역시 우리의 의지나 능력으로 되는 것이 아님을 잊지 말아야 합니다. '믿음의 주도권 역시 하나님께 있다!'

> "너희는 서로 수군거리지 말라 나를 보내신 아버지께서 이끌지
> 아니하시면 아무도 내게 올 수 없으니 오는 그를 내가 마지막 날
> 에 다시 살리리라"(요6:43-44)

이제 주님이 화두를 던지십니다. 깊이 묵상하고 생각해야 하는 말씀이었습니다.

> "나는 하늘에서 내려온 살아 있는 떡이니 사람이 이 떡을 먹으면
> 영생하리라 내가 줄 떡은 곧 세상의 생명을 위한 내 살이니라 하
> 시니라"(요6:51)

* 묵상질문
주님의 이 말씀을 깊이 묵상하고 정리해 보십시오.

분명한 믿음의 요구

* Lexio 읽기 / 요한복음 6:52-59
가능하면 오늘의 본문을 먼저 읽는 것이 좋지만 바로 아래 글을 읽어도 좋습니다. 충분히 본문을 이해하도록 배려하며 글을 썼습니다. 혹시 본문을 읽으신 분은 감동이 오는 말씀이나 단어 혹은 느낌을 간단히 적으시면 좋습니다.

"나는 하늘에서 내려온 살아 있는 떡이니 사람이 이 떡을 먹으면
영생하리라 내가 줄 떡은 곧 세상의 생명을 위한 내 살이니라 하
시니라"(요6:51)

엄밀하게 말해서 우리가 하나님을 인식할 수 있는 통로는 전혀 존재하지 않습니다. 흔적을 따라가기도 쉽지 않습니다. 이스라엘의 경우처럼 고작 금송아지를 만드는 정도에 그칠 뿐입니다. 그래서 우리에게 예수님이 귀한 것입니다. 형상화되어 우리에게 찾아오신 하나님이시기 때문입니다. 정확하게 우리가 믿을 수 있는 기회를 주신 것입니다. 예수님은 자신을 찾아온 사람들에게 그 사실을 말씀하셨습니다. 그 말씀은 정말 명쾌하고 분명하였습니다.

"나는 생명의 떡이니 내게 오는 자는 결코 주리지 아니할 터이요
나를 믿는 자는 영원히 목마르지 아니하리라"(요6:35)

"내 아버지의 뜻은 아들을 보고 믿는 자마다 영생을 얻는 이것이
니 마지막 날에 내가 이를 다시 살리리라"(요6:40)

"나를 보내신 아버지께서 이끌지 아니하시면 아무도 내게 올 수 없으니"(요6:44)

"진실로 진실로 너희에게 이르노니 믿는 자는 영생을 가졌나니 내가 곧 생명의 떡이니라"(요6:47-48)

"내 살을 먹고 내 피를 마시는 자는 영생을 가졌고 마지막 날에 내가 그를 다시 살리리니 내 살은 참된 양식이요 내 피는 참된 음료로다"(요6:54-55)

"살아 계신 아버지께서 나를 보내시매 내가 아버지로 말미암아 사는 것 같이 나를 먹는 그 사람도 나로 말미암아 살리라"(요6:57)

매우 명료한 말씀이며 분명한 믿음의 요구입니다. 남은 것은 우리의 믿음뿐이었습니다. 그런데 사람들은 예수님을 믿으려고 하지 않았습니다. 그것이 문제였습니다.

* 묵상질문
우리가 믿게 된 것을 기뻐하십시오. 믿음 자체가 기적입니다. 그렇지 않습니까?

믿음은 영적인 사건이다

* Lexio 읽기 / 요한복음 6:60-65
가능하면 오늘의 본문을 먼저 읽는 것이 좋지만 바로 아래 글을 읽어도 좋습니다. 충분히
본문을 이해하도록 배려하며 글을 썼습니다. 혹시 본문을 읽으신 분은 감동이 오는 말씀이
나 단어 혹은 느낌을 간단히 적으시면 좋습니다.

> "살아 계신 아버지께서 나를 보내시매 내가 아버지로 말미암아
> 사는 것 같이 나를 먹는 그 사람도 나로 말미암아 살리라"(요6:57)

예수님의 가르침은 쉽지 않았습니다. 어려웠습니다. 사람들은 동요
하기 시작했습니다. 그렇게 열정적으로 좇아왔던 사람들이었지만 받
아들이기가 힘들었습니다.

> "이렇게 말씀이 어려워서야 누가 알아들을 수 있겠는가?"
>
> (공동번역/요6:60)

무엇이 그토록 힘들었던 것입니까? 예수님은 그 이유를 알고 계셨
습니다. 한 마디로 영적인 문제였습니다.

> "이 말이 너희에게 걸림이 되느냐... 살리는 것은 영이니 육은 무
> 익하니라 내가 너희에게 이른 말은 영이요 생명이라"(요6:61,63)

예수님이 하신 이야기는 영적인 것, 곧 하늘나라를 말하는 것이었습

니다. 땅의 일이 머릿속에 온통 가득 차 있던 사람들은 예수님을 받아들일 수 없었습니다. 그래서 주님은 가룟 유다를 예로 들었던 것 같습니다. 돈을 좇는 것으로 드러난 육의 관심이 예수를 팔아넘긴 이유였습니다. 주님은 그것을 믿음 없음으로 설명하셨습니다.

> "그러나 너희 중에 믿지 아니하는 자들이 있느니라 하시니 이는 예수께서 믿지 아니하는 자들이 누구며 자기를 팔 자가 누구인지 처음부터 아심이러라"(요6:64)

유다처럼 제자들도 자신들의 육적인 지식과 경험으로는 영적이며 하나님 나라에 관한 예수님의 말씀이나 행위를 도무지 받아들일 수 없었습니다. 더더욱 이해할 수 없는 이유는 그것은 하나님이 알게 하셔야 가능하기 때문입니다. 우리의 노력으로는 결코 쉽게 영적인 지식에 이를 수 없기 때문입니다.

> "그러므로 전에 너희에게 말하기를 내 아버지께서 오게 하여 주지 아니하시면 누구든지 내게 올 수 없다 하였노라"(요6:65)

* 묵상질문
믿음은 영적인 사건입니다. 육으로 예수를 주로 고백하는 것은 불가능하고 불완전합니다. 그러므로 온전히 믿고 있다면 그 믿음을 자랑해도 됩니다.

너희도 가려느냐

* Lexio 읽기 / 요한복음 6:66-71

가능하면 오늘의 본문을 먼저 읽는 것이 좋지만 바로 아래 글을 읽어도 좋습니다. 충분히
본문을 이해하도록 배려하며 글을 썼습니다. 혹시 본문을 읽으신 분은 감동이 오는 말씀이
나 단어 혹은 느낌을 간단히 적으시면 좋습니다.

"제자 중 여럿이 듣고 말하되 이 말씀은 어렵도다 누가 들을 수

있느냐"(요6:60)

주님의 가르침은 인간적인 지식 체계로 이해할 수 있는 것이 아니었
습니다. 거기에 부딪힌 사람들은 예수님을 떠나기 시작했고 심지어 한
때 예수님을 따르던 제자들도 그랬습니다. 그들은 자신들이 이해할 수
있는 만큼만 믿겠다는 결론을 내린 것입니다. 이런 이유로 사람들은
이해할 수 없었습니다. 그들을 바라보면서 주님은 열두 명의 핵심 제
자들에게 묻습니다.

"너희도 가려느냐?"(요6:67)

오늘도 그때와 다르지 않습니다. 오늘날 많은 사람의 관심은 육체적
이고 현세적입니다. 예수님을 쫓아왔던 그 사람들처럼 영적인 하나님
을 믿으면서도 관심은 세상적입니다. 게다가 오늘날은 예수님 당시보
다 더 심각해 보입니다. 그때는 현상적으로 주님을 떠났지만 지금은
그 옆에 남아서 예수님을 왜곡하고 새로운 형태와 신앙 양식을 만드는

과격함 마저 보이기 때문입니다.

어떤 이들은 예수님을 완전히 인간적인 지식으로 해석합니다. 이 세상적이지 않은 예수님을 제거합니다. 그 결과 역사적 예수는 중요하지 않고 오직 케리그마(선포된 예수)만이 중요하게 됩니다. 또 어떤 이들은 역사적 예수를 믿기는 하지만 경험적으로 해석하여 자신들의 특별한 지식만이 옳다고 주장합니다. 2-3세기 경의 영지주의자들처럼 자신들만이 말씀에 대한 신령한 해석을 한다고 주장하며 엉뚱한 구원론을 펴기도 합니다. 대표적으로 구원파가 그렇습니다. 또 스스로 자신을 또 다른 메시야라고 주장하기도 합니다. 신천지 같은 경우가 그렇습니다.

이 심각한 가능성이 제자들에게도 주어졌습니다. 그래서 주님이 "너희도 가려느냐?"라고 물으신 것입니다. 그때 베드로가 매우 분명하고 멋진 대답을 합니다.

> "주여 영생의 말씀이 주께 있사오니 우리가 누구에게로 가오리이까 우리가 주는 하나님의 거룩하신 자이신 줄 믿고 알았사옵나이다"(요6:68-69)

* 묵상질문
주님의 이 물음에 뭐라고 대답하시겠습니까?

믿음이 어려운 이유

* Lexio 읽기 / 요한복음 7:1-9
가능하면 오늘의 본문을 먼저 읽는 것이 좋지만 바로 아래 글을 읽어도 좋습니다. 충분히 본문을 이해하도록 배려하며 글을 썼습니다. 혹시 본문을 읽으신 분은 감동이 오는 말씀이나 단어 혹은 느낌을 간단히 적으시면 좋습니다.

"그 때부터 그의 제자 중에서 많은 사람이 떠나가고 다시 그와 함께 다니지 아니하더라 예수께서 열두 제자에게 이르시되 너희도 가려느냐"(요6:66-67)

시간이 흐르면 흐를수록 예수님이 행하신 기적들과 교훈들은 많은 논쟁을 불러일으켰습니다. 예수님이 보여주신 것은 그동안 사람들이 경험하지 못하였던 영적인 것이었기 때문입니다. 그래서 자연스럽게 귀신에게서 비롯된 것인지 하나님으로부터 비롯된 것인지에 대한 논쟁이 붙었습니다. 앞으로 자세히 살펴 가겠지만 그 논쟁은 예수님의 동생들에 의해서 시작됩니다. 동생들은 형님 예수에게 이렇게 말합니다.

"형님의 제자들도 형님이 행하는 일들을 볼 수 있도록, 이 곳을 떠나 유대로 가십시오. 누구나 자기가 하는 일이 은밀하게 행해지지 않고 사람들에게 알려지기를 바라는 법입니다. 형님이 이런 일들을 행하고 계시다면, 자신을 온 세상에 알리십시오"

(쉬운성경/요7:3-4)

동생들이 이렇게 말한 것은 형님 예수를 메시야로 여겼기 때문이 아닙니다. 오히려 예수님을 전혀 신뢰할 수 없었기 때문이었습니다.

"예수님의 동생들이 이렇게 말한 것은 그들도 예수님을 믿지 않았기 때문이었습니다."(쉬운성경/요7:5)

그들은 형님 예수를 믿지 않고 있었습니다. 그래서 형님 예수를 비꼬는듯하면서도 한편으로는 걱정했습니다. 실제로 다른 복음서에 쓰인 예수님에 대한 동생과 어머니를 비롯한 가족들의 태도를 보면 잘 알 수 있습니다.

"예수님의 식구들이, '예수가 정신이 나갔다'고 말하는 소리를 듣고, 그를 잡으러 왔습니다."(쉬운성경/막3:21)

동생들은 믿을 수 없었습니다. 그저 평범한 자신들의 형이었으며, 매우 낮은 모습으로 존재하였기 때문입니다. 동생들은 믿을 수 없었습니다. 그래서 지금 형님 예수에게 메시야라면 '드러내라'라고 요청한 것입니다.

* 묵상질문
동생들마저 이런 반응을 보인 것은 메시야에 대한 정형화된 지식 때문입니다. 혹시 내가 알고 있는 예수에 대한 지식은 왜곡된 것은 아닌지 살펴보십시오.

믿음을 주시옵소서

* Lexio 읽기 / 요한복음 7:10-30
가능하면 오늘의 본문을 먼저 읽는 것이 좋지만 바로 아래 글을 읽어도 좋습니다. 충분히 본문을 이해하도록 배려하며 글을 썼습니다. 혹시 본문을 읽으신 분은 감동이 오는 말씀이나 단어 혹은 느낌을 간단히 적으시면 좋습니다.

> "그 형제들이 명절에 올라간 후에 자기도 올라가시되 나타내지
> 않고 은밀히 가시니라"(요7:10)

예수님은 초막절에 예루살렘으로 비밀스럽게 올라가셨습니다. 하지만 예수님의 존재가 이미 관심의 대상이 되었기에 '예수를 어떻게 볼 것인지' 논쟁이 벌어졌습니다. 그런 까닭에 예수님이 성전에서 가르치시면서 드러난 순간부터 구체적인 메시야 논쟁이 벌어졌습니다.

메시야로서 예수님에 대한 평가는 크게 셋으로 나뉘었습니다. 예수님을 메시야로 인정하는 집단과 인정하지 않는 집단 그리고 선지자 혹은 좋은 사람 정도로 생각하는 집단입니다. 갈등은 두 집단, 곧 예수님을 메시야로 인정하는 집단과 인정하지 않는 집단에서 벌어졌습니다.

첫 번째 집단, 예수님을 메시야로 인정하지 않는 집단은 예수의 기적이든 가르침이든 모두 귀신 들림에 기초한다고 여겼습니다. 그래서 예수님의 한마디 한마디에 꼬투리를 잡으며 귀신이 들렸다고 몰아붙였습니다.

"무리가 대답하되 당신은 귀신이 들렸도다 누가 당신을 죽이려

하나이까"(요7:20)

그들 중 일부는 예수님이 안식일에 병을 고친 사건, 곧 율법을 어긴 것을 문제를 삼았습니다. 좀 더 논리적인 사람들은 몇 가지 이유를 들어 예수님의 메시야 됨을 부정하였습니다. 첫째는 메시야는 어디에서 왔는지 인간이 알 수 없어야 한다는 주장을 폅니다. 왜냐하면 신적인 존재이기에 인간의 범주에서 이해되어서는 안 된다고 생각했던 것 같습니다. 둘째는 성경의 예언과 다르기 때문이라는 이유를 붙입니다. 그들은 메시야가 다윗 가문에서 나와야 한다고 생각했습니다. 즉 베들레헴의 다윗 왕족이어야 하는데 예수님은 나사렛에서 살았고, 천박한 땅 갈릴리에서 활동하였기 때문입니다. 더욱이 다윗 왕족같이 보이기는커녕 그저 목수에 불과한 예수의 초라한 행색이 메시야로 여길 수 없는 이유였습니다.

* 묵상질문
예수님을 믿는 것은 이성적인 이해에서 비롯되는 것이 아닙니다. 그러므로 믿음을 달라고 기도하는 것이 옳습니다.

불완전한 지식

* Lexio 읽기 / 요한복음 7:31-44
가능하면 오늘의 본문을 먼저 읽는 것이 좋지만 바로 아래 글을 읽어도 좋습니다. 충분히
본문을 이해하도록 배려하며 글을 썼습니다. 혹시 본문을 읽으신 분은 감동이 오는 말씀이
나 단어 혹은 느낌을 간단히 적으시면 좋습니다.

"그러나 군중 가운데는 '그리스도가 정말 온다 해도 이분보다 더
많은 기적을 보여줄 수 있겠는가?' 하며 예수를 믿는 사람이 많
았다."(공동번역/요7:31)

두 번째 집단입니다. 이들은 예수님을 메시야로 인정했습니다. 더욱
이 오병이어 기적 이후 나타난 반응처럼 예수님을 메시야로 여기는 분
위기가 기저에 있었으며, 예수님이 행하신 표적을 보면서 메시야로 믿
고 있었습니다.

초막절 마지막 날 전야 행사로 실로암에서 물을 길어다가 성전 제단
에 물을 붓는 의식을 행할 때였습니다. 이 물 긷는 의식은 매우 중요했
습니다. 출애굽 당시 하나님께서 물을 넉넉히 공급하신 것을 기념하는
것이기 때문입니다. 이는 종말에 부어질 물에 대한 기대를 상징했습니
다. 당연히 그것은 메시야만 할 수 있는 역사였습니다. 그런데 이날 예
수님께서 그 사건을 빗대어 자신을 메시야로 인정하는 발언을 하십니
다.

"명절 끝날 곧 큰 날에 예수께서 서서 외쳐 이르시되 누구든지 목
마르거든 내게로 와서 마시라 나를 믿는 자는 성경에 이름과 같
이 그 배에서 생수의 강이 흘러나오리라"(요7:37–38)

이 발언은 더욱 분명하게 예수님을 메시야로 인정하게 하였습니다.

"이 말씀을 들은 무리 중에서… 어떤 사람은 그리스도라 하며"
(요7:40–41)

모든 정황은 예수님의 메시야 되심을 증명하는 것이었습니다. 그렇
지만 오히려 이것 때문에 예수님을 죽이려는 음모는 더 깊어져 갔습
니다. 그들이 몰랐기 때문입니까? 아닙니다. 그들은 주님을 어느 정도
알고 있었습니다.

"너희는 나를 알고 있으며 내가 어디에서 왔는지도 알고 있다. 그
러나 나는 내 마음대로 온 것이 아니다. 나를 보내신 분은 정녕
따로 계신다. 너희는 그분을 모르지만 나는 알고 있다. 나는 그
분에게서 왔고 그분은 나를 보내셨다."(공동번역/요7:28–29)

* 묵상질문
완전하지는 않아도 알고 있었습니다. 하지만 인정하지 않았습니다. 왜 인정할 수 없었던
것입니까?

최소한 겸손해야 하는데

* Lexio 읽기 / 요한복음 7:45–52
가능하면 오늘의 본문을 먼저 읽는 것이 좋지만 바로 아래 글을 읽어도 좋습니다. 충분히
본문을 이해하도록 배려하며 글을 썼습니다. 혹시 본문을 읽으신 분은 감동이 오는 말씀이
나 단어 혹은 느낌을 간단히 적으시면 좋습니다.

"예수로 말미암아 무리 중에서 쟁론이 되니"(요7:43)

두 집단의 세력 싸움은 대단했습니다. 심지어 권력을 갖고 있던 대
제사장들과 바리새인들이 예수를 잡아오라고 성전 경비병들(개역한
글/하속들)을 보내지만 명령을 어기고 잡아오지 않는 상황까지 벌어집
니다. 이 어이없는 행위는 경비 대원 중에 예수님을 메시야로 생각하
는 사람들이 있다는 것을 반증하는 것이었습니다.

"성전 경비병들이 그대로 돌아온 것을 보고 대사제들과 바리사이
파 사람들은 '어찌하여 그를 잡아오지 않았느냐?' 하고 물었다.
경비병들은 '저희는 이제까지 그분처럼 말하는 사람은 본 적이
없습니다.' 하고 대답하였다."(공동번역/요7:45–46)

두 집단이 충돌하는 와중에 실제적 힘을 가진 집단은 대제사장, 바
리새인, 서기관, 헤롯당, 사두개인들과 같은 이들이었습니다. 그들이
취한 것은 음모였습니다. 음모는 8장에서부터 구체적으로 나오기 시
작하는데, 그 첫 번째가 음행하다 현장에서 잡힌 여자를 예수 앞에 데

려오는 사건입니다. 그들은 정말 예수님이 메시야라는 것을 전혀 눈치채지 못하였던 것입니까? 성경을 자세히 읽어보면 그들은 예수님이 메시야라는 것을 부분적으로 인지하고 있었습니다.

> "저렇게 대중 앞에서 거침없이 말하고 있는데도 말 한마디 못하는 것을 보면 혹시 우리 지도자들이 그를 정말 그리스도로 아는 것이 아닐까?"(공동번역/요7:26)

그럼에도 불구하고 온전한 이해에 이르지 못한 것은 영적인 것이기 때문입니다. 예수 그리스도를 육신적인 눈으로 바라보는 그들이기에 전인격적인 이해가 불가능했던 것입니다. 그렇다면 겸손한 연구와 추구가 필요했습니다. 그런 점에서 산헤드린 공의회 회원이었던 니고데모의 태도를 주의할 필요가 있습니다.

> "도대체 우리 율법에 먼저 그 사람의 말을 들어보거나 그가 한 일을 알아보지도 않고 죄인으로 단정하는 법이 어디 있소?"
>
> (공동번역/요7:51)

* 묵상질문
이해할 수 없다면 최소한 이 같은 태도는 필요한 것이 아닙니까? 그런데 그들은 그 정도의 유연함도 없었습니다.

땅에 쓰신 글씨

* Lexio 읽기 / 요한복음 7:53-8:7
가능하면 오늘의 본문을 먼저 읽는 것이 좋지만 바로 아래 글을 읽어도 좋습니다. 충분히
본문을 이해하도록 배려하며 글을 썼습니다. 혹시 본문을 읽으신 분은 감동이 오는 말씀이
나 단어 혹은 느낌을 간단히 적으시면 좋습니다.

예수님이 하신 모든 이야기는 틀리지 않았습니다. 흠잡을 데가 없었
습니다. 그래서 예수님을 모함하기 위해 필요한 것은 꼬투리였습니다.
그들은 어떤 여자, 즉 행음하다 현장에서 잡힌 여자를 이용하기로 하
였습니다. 자신들이 보기에 완벽한 음모였습니다. 충분히 고발할 조건
이 되어 보였습니다. 행음한 현장에서 잡혔기 때문에 증거에 대한 논
란은 필요 없었습니다. 그들은 모세의 율법을 들어 그 여자를 돌로 쳐
죽여야 한다고 주장하였습니다. 분명히 레위기 법에는 그렇게 쓰여 있
었습니다.

> "누구든지 남의 아내와 간음하는 자 곧 그의 이웃의 아내와 간음
> 하는 자는 그 간부와 음부를 반드시 죽일지니라"(레20:10)

그들은 레위기 법을 들어 "모세는 율법에 이러한 여자를 돌로 치라
명하였거니와 선생은 어떻게 말하겠나이까"(요8:5)라는 비수가 꽂힌
질문을 던졌습니다. 난감한 문제였습니다. 그동안 주님은 사랑하라고,
그것이 원수일지라도 사랑하라고 말해왔기 때문입니다. 만일 죽이라
고 하면 모세의 법을 지키는 것이지만 예수님 자신이 말해오던 사랑의

법이 거짓이라는 것이 증명되는 것이고, 반대로 용서하라고 하면 모세의 율법을 부정하는 것이 되었습니다. 그런 까닭에 그들의 수는 완벽해 보였습니다. 바로 그때 예수님이 이상한 행동을 하셨습니다. 주님은 몸을 굽혀서 땅에 무엇인가를 쓰기 시작하신 것입니다.

> "그들이 이렇게 말함은 고발할 조건을 얻고자 하여 예수를 시험함이러라 예수께서 몸을 굽히사 손가락으로 땅에 쓰시니"(요8:6)

무슨 글을 썼는지 얼마나 시간이 걸렸는지 알 수는 없지만 사람들은 그런 예수님에게 대답을 재촉하였습니다. 그런데 주님의 이어지는 말씀이 모든 상황을 종료시켰습니다.

> "그들이 하도 대답을 재촉하므로 예수께서는 고개를 드시고 '너희 중에 누구든지 죄없는 사람이 먼저 저 여자를 돌로 쳐라.' 하시고"(공동번역/요8:7)

＊ 묵상질문
참 놀라운 사건입니다. 주님이 땅에 쓰신 글의 내용은 무엇이었다고 생각하십니까?

제 5 부

전혀 다른 세계

용서하시는 분 예수

* Lexio 읽기 / 요한복음 8:8-11
가능하면 오늘의 본문을 먼저 읽는 것이 좋지만 바로 아래 글을 읽어도 좋습니다. 충분히
본문을 이해하도록 배려하며 글을 썼습니다. 혹시 본문을 읽으신 분은 감동이 오는 말씀이
나 단어 혹은 느낌을 간단히 적으시면 좋습니다.

"너희 중에 죄 없는 자가 먼저 돌로 치라"(요8:7)

매우 놀랍고 무서운 말씀입니다. 만일 주님이 꼿꼿이 선 채로 "죄 없
는 자"(요8:7)를 강조하며 그들을 비난하였다면 그들은 돌을 던졌을지
도 모르겠습니다. 그런데 주님은 이 말씀만 하시고 이내 몸을 굽혀서
손가락으로 땅에 무엇인가를 쓰셨습니다.

"다시 몸을 굽혀 손가락으로 땅에 쓰시니"(요8:8)

그때 기막힌 일이 벌어졌습니다. 그곳에 있던 사람들이 하나, 둘 돌
을 내려놓고 떠나기 시작한 것입니다. 그리고 분명히 죄가 드러난 여
인 외에 모든 사람들이 자신들의 죄를 충분히 감추고 떠날 수 있을 때
까지 주님은 그 자리에 몸을 굽혀 앉아 계셨습니다. 주님께서 무엇인
가를 쓰고 있음으로 그들에게 더 큰 자유를 준 것입니다. 모든 사람들
이 그곳을 떠난 것을 확인하신 후 예수님은 그 여인에게 질문을 던지
셨습니다.

"여자여 너를 고발하던 그들이 어디 있느냐 너를 정죄한 자가 없느냐"(요8:10)

아무도 없다는 여인의 대답을 들으신 예수님은 정말로 기막힌 말씀을 하셨습니다.

"예수께서 이르시되 나도 너를 정죄하지 아니하노니 가서 다시는 죄를 범하지 말라 하시니라"(요8:11)

많은 사람들 앞에 끌려왔고 반드시 돌에 맞아 죽을 것이라고 생각했던 여인에게 주님의 말씀은 당황스러웠을지도 모릅니다. 왜 주님은 이처럼 예상 밖의 행동을 하신 것입니까? 여인은 분명히 죄를 깨닫고 두려워하며 비참한 후회와 뼈저린 아픔을 느끼고 있었을 것입니다. 그것 때문이었습니다.

우리가 죄를 깨닫고 뉘우치기 전까지 주님은 매우 엄하게 죄를 물으십니다. 하지만 죄를 깨닫고 뉘우치기 시작하는 순간 주님의 관심은 죄가 아니라 사람에게 옮겨집니다. 주님의 관심은 과거 교통경찰들이 숨어 스피드 건을 쏘듯이 죄를 찾아내고 정죄하는 데 있지 않고 사람을 살리는 데 있기 때문입니다. 그것이 주님의 중요 관심이시기 때문입니다.

* 묵상질문
죄 된 모습이라도 회개함으로 주님께 나아가는 것이 중요합니다. 용서하시는 분이 우리 주님이시기 때문입니다.

가장 아름다운 용서

* Lexio 읽기 / 요한복음 8:11-20
가능하면 오늘의 본문을 먼저 읽는 것이 좋지만 바로 아래 글을 읽어도 좋습니다. 충분히
본문을 이해하도록 배려하며 글을 썼습니다. 혹시 본문을 읽으신 분은 감동이 오는 말씀이
나 단어 혹은 느낌을 간단히 적으시면 좋습니다.

> "예수께서 이르시되 나도 너를 정죄하지 아니하노니 가서 다시는
> 죄를 범하지 말라 하시니라"(요8:11)

예수님께서 그들의 올무에 빠지지 않은 이유는 그들의 질문과 덫이 세상적이기 때문입니다. 그들은 이 세상을 뛰어넘는 예수님께 세상적인 질문을 던졌습니다. 당연히 범주를 벗어난 범주 오류 질문이 되었습니다. 그래서 예수님께서 되물은 질문 앞에 속수무책이었던 것입니다. 예수님께서 말씀하신 이 세상 범주를 뛰어넘는 진리는 놀랍게도 '죄에 대한 태도'였습니다. 그동안 우리가 생각하던 범주 안에서는 도무지 이해할 수 없는 것이었습니다.

주님은 우리의 죄에 민감하지 않으셨습니다. 오히려 우리의 죄에 관심이 없으셨습니다. 오해할 소지가 있어서 더 자세히 얘기하면 우리가 죄를 짓지 않는다거나 죄와 상관없는 존재라는 뜻이 아닙니다. 하나님의 관심사는 '죄'가 아니라 앞에서 언급한 것처럼 '사람'이기 때문입니다.

다시 말해, 그녀의 죄가 괜찮다는 뜻이 아닙니다. 그녀는 죄를 깨달 았습니다. 그런 의미에서 죄가 중요하지 않게 된 것입니다. 주님의 관심은 과거의 죄가 아닙니다. 그녀의 죄가 안중에도 없는 것은 그녀가 그 죄로 인해 뉘우치고 있는 것이 분명하기 때문입니다. 단순합니다. 이제 주님의 관심은 그 여인이었습니다. 주님은 죄의 문제를 묻지 않고 다시 시작하면 된다고 선포하셨습니다.

> "나도 네 죄를 묻지 않겠다. 어서 돌아가라. 그리고 이제부터 다
> 시는 죄짓지 마라."(공동번역/요8:11)

또다시 반복하여 죄를 범하기 전까지 그 여자는 완벽히 깨끗한 존재 라는 말입니다. 새로운 피조물, 예수님이 하고 싶은 이야기였습니다. 이어서 이루어지는 대화 속에서 예수님의 시각을 분명히 말씀하셨습 니다.

> "너희는 육체를 따라 판단하나 나는 아무도 판단하지 아니하노
> 라"(요8:15)

* 묵상질문

우리가 주님 앞에 회개하며 겸비함으로 나올 때 우리는 가장 아름다운 용서, 정죄하지 않는 예수님을 만날 것입니다. 과거를 볼 필요는 없습니다. 오로지 "다시는 죄를 범하지 말라"라는 말씀만이 적용될 뿐이기 때문입니다. 그러므로 이제 멋있게 살아가십시오. 그것이 은혜를 누리는 길입니다.

전혀 다른 세계

* Lexio 읽기 / 요한복음 8:21-30
가능하면 오늘의 본문을 먼저 읽는 것이 좋지만 바로 아래 글을 읽어도 좋습니다. 충분히
본문을 이해하도록 배려하며 글을 썼습니다. 혹시 본문을 읽으신 분은 감동이 오는 말씀이
나 단어 혹은 느낌을 간단히 적으시면 좋습니다.

예수님의 말씀은 극단적인 반응을 불러일으켰습니다. 행음한 여인
의 사건 이후 예수님의 발언으로 예수님을 믿는 사람이 점점 더 많아
졌습니다. 그들이 예수님을 믿게 된 것은 예수님이 하신 기막힌 말씀
들 때문이었습니다. 특히 21-29절 말씀이 그들을 자극하였습니다. 먼
저 21절을 읽어보겠습니다.

> "내가 가리니 너희가 나를 찾다가 너희 죄 가운데서 죽겠고 내가
> 가는 곳에는 너희가 오지 못하리라"(요8:21)

예수님의 말씀은 자신들이 갇혀 있던 상자에서 벗어나도록 자극하
는 것이었습니다. '찾지 못한다', '자신의 죄 가운데서 죽는다', '오지 못
한다'. 한마디로 말해서 '희망 없다'라는 말이었습니다. 그러므로 '기존
틀에서 나오라'는 말씀이었습니다. 로마 식민지 백성인 그들의 현 모
습을 정확하게 표현하는 듯한 예수님의 말씀에 도전받은 것입니다. 드
디어 예수님께서 치명적인 말씀을 하십니다.

> "내가 스스로 아무 것도 하지 아니하고 오직 아버지께서 가르치

신 대로… 나는 항상 그가 기뻐하시는 일을 행하므로 나를 혼자
두지 아니하셨느니라 이 말씀을 하시매 많은 사람이 믿더라"

(요8:28-30)

주님의 말씀은 '상자에서 나와 다른 가치의 삶을 살고 있다'라는 뜻
이었습니다. 이 놀라운 태도를 보는 순간 그들은 예수님을 믿고 싶었
습니다. 하지만 놀랍게도 그들은 머지않아 예수님을 죽이려 합니다.
이상한 기록입니다.

"그들이 돌을 들어 치려 하거늘 예수께서 숨어 성전에서 나가시
니라"(요8:59)

왜 그렇게 돌변한 것입니까? 가끔 상자에서 나오라는 말을 듣는 것
은 신선합니다. 상자에서 나와 생각하는 것도 근사해 보입니다. 하지
만 상자에서 나와 생각하고 행동하라는 요청을 실행하는 것은 쉽지 않
습니다. 더욱이 전혀 다른 가치를 요구받을 때는 더 힘든 일입니다. 지
금 그들이 예수님으로부터 듣는 것은 그들의 체계를 넘는 일이었던 것
입니다.

* **묵상질문**

예수님을 믿는다는 것은 다른 가치와 다른 체계로 들어서는 것입니다. 그것이 새로운 피
조물의 의미입니다. 지금까지와는 전혀 다른 시각과 세계가 열릴 것입니다. 그러므로 열어
놓으십시오.

진리가 자유롭게 할 것이다

* Lexio 읽기 / 요한복음 8:31-59
가능하면 오늘의 본문을 먼저 읽는 것이 좋지만 바로 아래 글을 읽어도 좋습니다. 충분히
본문을 이해하도록 배려하며 글을 썼습니다. 혹시 본문을 읽으신 분은 감동이 오는 말씀이
나 단어 혹은 느낌을 간단히 적으시면 좋습니다.

앞에서 살핀 8장 21절부터 30절까지를 요약하면 다음과 같습니다.

'예수님은 위로부터 오셨고 이 세상적이지 않으며 예수님을 보내신
분은 하나님이시다. 단지 너희가 모를 뿐이다.'

그런 까닭에 "많은 사람이 믿더라"(요8:30)라고 기록하지만 그들의
믿음은 온전한 진리에 이른 것이 아니었습니다.

"너희가 내 말에 거하면 참으로 내 제자가 되고 진리를 알지니 진
리가 너희를 자유롭게 하리라"(요8:31-32)

온전한 진리에 이른 믿음이 아닌 까닭에 논쟁하면 할수록 주님과 그
들 사이의 간극은 더 벌어집니다. 긴 논쟁이 기록된 31절에서 59절까
지를 읽어보면 알 수 있습니다. 요약하면 다음과 같습니다. "진리를 알
지니 진리가 너희를 자유롭게 하리라"라는 말씀에 유대인들은 종이 아
니라 아브라함의 자손이며 하나님의 자녀임을 강조합니다. 주님은 육
체적으로 아브라함의 자손이냐 아니냐의 문제가 아니라 죄의 종이라

는 부분을 말씀하시려는 것인데 말입니다.

그들은 예수님의 말씀을 전혀 이해하지 못하였습니다. 예수님이 당신을 하나님이 보낸 메시야임을 암시하고 아브라함이 나기 전부터 있었다고 이야기하며 심지어 자신들을 마귀의 자식이라고 말하자 그들은 참지 못합니다. 결국 그들은 예수님을 귀신들린 자로 정죄하고 실제로 예수님을 죽이려고 돌을 듭니다. 이와 같은 현상이 벌어진 결정적인 이유는 무엇입니까? 주님은 그들의 주장과 달리 정확하게 그들은 하나님의 자녀가 아니라고 말씀하셨기 때문입니다.

> "내가 하나님에게서 나와 여기 와 있으니 만일 하나님께서 너희
> 의 아버지시라면 너희는 나를 사랑했을 것이다. 나는 내 마음대
> 로 온 것이 아니고 하나님께서 보내셔서 왔다. 너희는 왜 내 말
> 을 알아듣지 못하느냐? 내 말을 새겨들을 줄 몰라서 그런 것이
> 아니냐? 너희는 악마의 자식들이다."(공동번역/요8:42-44)

* 묵상질문
주님을 사랑한다면 하나님의 말씀이 이해될 것입니다. 그 진리가 자유롭게 할 것입니다.
그렇지 않습니까?

하나님의 뜻을 물어보라

* Lexio 읽기 / 요한복음 9:1-12

가능하면 오늘의 본문을 먼저 읽는 것이 좋지만 바로 아래 글을 읽어도 좋습니다. 충분히 본문을 이해하도록 배려하며 글을 썼습니다. 혹시 본문을 읽으신 분은 감동이 오는 말씀이나 단어 혹은 느낌을 간단히 적으시면 좋습니다.

> "예수께서 길을 가실 때에 날 때부터 맹인 된 사람을 보신지라"
>
> (요9:1)

예수님과 제자들이 길을 걸어가다가 나면서부터 시각 장애를 지닌 한 사람을 만납니다. 이 상황 앞에 제자들은 이미 해석된 생각으로 예수님께 질문합니다.

> "제자들이 예수께 '선생님, 저 사람이 소경으로 태어난 것은 누구의 죄입니까? 자기 죄입니까? 그 부모의 죄입니까?' 하고 물었다"(공동번역/요9:2)

제자들은 "소경"이 볼 수 없는 것이 어떤 형태이든지 간에 죄와 관계가 있다고 생각한 것입니다. 질문을 던진 이유도 '그 죄가 누구의 죄인가?' 하는 관심 때문이었습니다. 그들은 일방적으로 자신들 안에 형성된 세계관으로 지금 상황을 해석한 것입니다. 하지만 주님은 제자들의 생각에 동의하지 않으시고 이렇게 말씀하셨습니다.

116

"예수께서 대답하시되 이 사람이나 그 부모의 죄로 인한 것이 아
니라 그에게서 하나님이 하시는 일을 나타내고자 하심이라"
(요9:3)

　제자들은 눈에 보이는 것을 보이는 것으로만 여기지 않고, 보이지
않는 것을 생각했습니다. 그런데 그 생각은 훈련되고 조작되었던 잘못
된 생각이었습니다. 침묵 기도의 언어로 말하면 거짓 자아가 하는 생
각이었습니다. 주님은 정확하게 당신의 관심사를 보여주셨습니다. 그
소경을 고치신 것입니다. 그런데 주님의 행위가 매우 특이합니다. 침
을 뱉어 진흙을 이겨 그의 눈에 바르신 것입니다. 그리고 실로암 못에
가서 씻게 하였는데 그가 나았습니다. 후에 그가 나은 것보다 그날이
안식일이란 것이 문제가 되어 시끄럽게 되었지만 중요한 것은 주님이
원하셔서 그를 고치셨다는 사실입니다.

　주님이 말씀하신 것처럼 그의 소경 됨은 오히려 "하나님이 하시는
일"을 나타내는 것이었습니다. 고통과 아픔과 여러 장애들을 세상적인
시각으로 바라보는 것은 어리석은 일입니다. 오히려 하나님의 계획과
뜻을 묻고 추구하는 것이 중요합니다. 하나님이 살아계시기 때문입니
다.

* 묵상질문
우리가 만난 고통과 질병 혹은 어떤 위기든지 하나님의 뜻을 묻고 바라보는 것이 중요합니
다. 그렇게 해보셨습니까?

안식일이 예수를 죄인으로 만들다

* Lexio 읽기 / 요한복음 9:13-23
가능하면 오늘의 본문을 먼저 읽는 것이 좋지만 바로 아래 글을 읽어도 좋습니다. 충분히
본문을 이해하도록 배려하며 글을 썼습니다. 혹시 본문을 읽으신 분은 감동이 오는 말씀이
나 단어 혹은 느낌을 간단히 적으시면 좋습니다.

"예수께서 진흙을 이겨 눈을 뜨게 하신 날은 안식일이라"(요9:14)

예수님께서 소경을 고치신 사건은 이상하게 전개되었습니다. 사건
이 안식일에 일어난 것이 문제가 된 것입니다. 진흙을 이긴 것과 소경
을 고친 행위가 안식일을 훼손하는 노동으로 취급되었습니다. 몇몇 이
들은 이러한 계명을 범하는 것으로 보아 하나님으로부터 온 자가 아니
라고 확신했습니다.

"바리새인 중에 어떤 사람은 말하되 이 사람이 안식일을 지키지
아니하니 하나님께로부터 온 자가 아니라"(요9:16)

물론 반대 입장도 있었습니다. 예수님께서 기적을 분명히 행하였다
면 하나님으로부터 온 것이라는 의견이었습니다. 하지만 대세는 긍정
적이지 않았습니다. 바리새인들은 매우 강하게 확신하고 있었습니다.
아무리 선한 일을 하고 기적을 행하더라도 그것이 하나님에게서 온 것
이 아닌 속임수라고 여겼습니다. 안식일을 범했기 때문입니다. 죄를
구분하는 기준으로 보면 예수님의 행위는 율법의 세목에 분명 저촉되

었고, 죄인으로 인정하기에 너무나도 확실했습니다.

처음에 바리새인들은 소경이 거짓말을 한다고 생각했습니다. 그래서 그것부터 확인하려고 했습니다. 하지만 소경이 자신이 나면서부터 소경이었던 것과 치유된 것을 계속 주장하자, 이번에는 그의 부모를 불러서 정말로 날 때부터 소경이었는지를 확인합니다.

> "그 부모가 대답하여 이르되 이 사람이 우리 아들인 것과 맹인으
> 로 난 것을 아나이다"(요9:20)

하지만 바리새인들은 기적의 여부를 떠나 그들의 증언을 통해 예수님이 죄인이라는 것만 거듭 확인합니다. 예수님이 하나님의 법인 안식일을 범한 것은 사실이었기 때문입니다. 여기서 우리는 의미를 제대로 이해하지 못한 교리가 얼마나 위험한지를 볼 수 있습니다. 하나님으로부터 온 기적이 명백함에도 불구하고 절대로 받아들일 수 없는 이유가 되기 때문입니다.

* **묵상질문**

교리는 성경을 기초로 합니다. 그러므로 먼저 성경을 바르게 해석하는 것이 중요합니다.

어쩔 수 없는 행동

* Lexio 읽기 / 요한복음 9:24-34
가능하면 오늘의 본문을 먼저 읽는 것이 좋지만 바로 아래 글을 읽어도 좋습니다. 충분히
본문을 이해하도록 배려하며 글을 썼습니다. 혹시 본문을 읽으신 분은 감동이 오는 말씀이
나 단어 혹은 느낌을 간단히 적으시면 좋습니다.

"이 사람이 우리 아들인 것과 맹인으로 난 것을 아나이다... 그가
장성하였으니 그에게 물어 보소서"(요9:20,23)

소경의 부모에게서 만족할만한 대답을 못 얻자 바리새인들은 다시
소경을 불렀습니다. 더 강력하게 다그쳤습니다. 그런데 이상한 일이
벌어졌습니다. 바리새인들의 질문에 답하던 소경이 막 고침 받고 만났
을 때와 달리 예수님을 차츰차츰 인식하기 시작한 점입니다.

"그는 이렇게 대답하였다. '그분이 죄인인지 아닌지는 모르겠습
니다. 다만 내가 아는 것은 내가 앞 못 보는 사람이었는데 지금
은 잘 보게 되었다는 것뿐입니다.'"(공동번역/요9:25)

소경은 자기가 말한 것에 스스로 놀랐을지 모릅니다. 그 말이 자신
에게는 깨달음이었을 것입니다. 처음엔 수세에 몰리듯 대답하던 소경
은 서슬이 시퍼런 종교 권력자들에게 오히려 공격적으로 말을 하기 시
작합니다.

"그 사람이 그들에게 대답했습니다. '내가 이미 당신들에게 다 말
해 주었는데, 왜 들으려 하지 않습니까? 무엇을 다시 듣고 싶
으십니까? 당신들도 그분의 제자가 되려고 그러십니까?'"

(쉬운성경/요9:27)

소경은 더 강한 자신감으로 상상할 수 없는 믿음의 모습을 보였습니
다. 그의 대답은 단순하지만 명료하고도 설득력이 있었습니다. 확신은
더욱 분명해졌습니다. 그리고 결정적인 말을 합니다.

"정말 이상한 일입니다. 그분이 내 눈을 뜨게 해 주셨는데도 당
신들은 그분이 어디서 오셨는지 모르신단 말씀입니까?... 세상
이 생긴 이후로 지금까지 소경으로 태어난 사람의 눈을 뜨게 했
다는 말은 들어 보지 못했습니다. 이분이 만일 하나님이 보내서
오신 분이 아니라면 도저히 이런 일을 하실 수가 없었을 것입니
다."(현대인의성경/요9:30,32-33)

결정적인 마지막 말에 바리새인들은 그를 회당 밖으로 쫓아냅니다.
심각하게 오염된 예수 추종자로 여겼기 때문입니다. 일종의 출교였습
니다. 그러나 그리스도 예수를 안 자의 어쩔 수 없는 행동이었습니다.
알았기 때문입니다.

* 묵상질문
우리도 알면 이 사람처럼 행동할 수밖에 없습니다. 우리 연약함의 시작은 무지이기 때문
입니다.

오직 주님만이 알게 하신다

* Lexio 읽기 / 요한복음 9:35-41
가능하면 오늘의 본문을 먼저 읽는 것이 좋지만 바로 아래 글을 읽어도 좋습니다. 충분히 본문을 이해하도록 배려하며 글을 썼습니다. 혹시 본문을 읽으신 분은 감동이 오는 말씀이나 단어 혹은 느낌을 간단히 적으시면 좋습니다.

> "예수께서 그들이 그 사람을 쫓아냈다 하는 말을 들으셨더니 그를 만나사 이르시되 네가 인자를 믿느냐"(요9:35)

소경 되었던 자는 바리새인들 앞에서 예수님을 하나님으로부터 온 자라고 주장했습니다. 그것 때문에 회당에서 내쳐지기도 했습니다. 하지만 그가 예수님을 하나님이 약속하신 메시야로서의 인자로 믿은 것은 아니었습니다.

> "대답하여 이르되 주여 그가 누구시오니이까 내가 믿고자 하나이다"(요9:36)

그런 그에게 예수님은 자신이 누구이신지, 곧 인자이심을 드러내셨습니다. 그때 비로소 소경 되었던 자는 예수님께 "주여 내가 믿나이다"(요9:38)라는 고백을 합니다. 여기서 이런 질문이 생깁니다. 소경 되었던 자는 충분히 예수님을 알았을 것이고, 게다가 바리새인들 앞에서 증거까지 하였는데 왜 메시야임을 몰랐는가 하는 것입니다. 예수님은 그 이유를 소경 되었던 자에게 이렇게 설명하셨습니다.

"예수께서 이르시되 내가 심판하러 이 세상에 왔으니 보지 못하는 자들은 보게 하고 보는 자들은 맹인이 되게 하려 함이라 하시니"(요9:39)

보는 것, 특히 하나님을 인식하는 것의 열쇠가 주님께 있다는 뜻입니다. 더 정확하게 말하면 우리가 하나님을 인식하는 것은 우리의 능력이 아니라 그분이 우리에게 자신을 드러내실 때에만 가능하다는 말입니다. 그래서 출교를 당할지언정 예수님을 알고 있는 것처럼 얘기하던 자가 막상 예수님 앞에선 아무 대답도 할 수 없었던 것입니다. 정말 모른 것입니다.

중요한 것은 소경 되었던 자가 메시야를 믿는 과정입니다. 무슨 대단한 대화를 나눈 것이 아닙니다. 대단한 지식을 가르치고 성경 해석을 한 것이 아닙니다. 갑자기 깨달음에 이르렀습니다. 그의 인식, 곧 앎이란 것은 자기의 것이 아니었다는 뜻입니다. 전적으로 그의 깨달음은 예수 그리스도에게서 온 것이었습니다.

* 묵상질문
우리가 주님을 알 수 없습니다. 주님이 우리에게로 오셔야만 합니다. 그것을 알고 계십니까?

양의 자유는 듣는 것에 있다

* Lexio 읽기 / 요한복음 10:1-6
가능하면 오늘의 본문을 먼저 읽는 것이 좋지만 바로 아래 글을 읽어도 좋습니다. 충분히 본문을 이해하도록 배려하며 글을 썼습니다. 혹시 본문을 읽으신 분은 감동이 오는 말씀이나 단어 혹은 느낌을 간단히 적으시면 좋습니다.

"여호와는 나의 목자시니 내게 부족함이 없으리로다"(시23:1)

"여호와는 나의 목자시니"로 시작되는 시편 23편은 우리가 참 많이 읽고 암송하는 구절입니다. 여기서 매우 중요한 전제는 하나님이 목자 되시고 우리가 양이라는 사실입니다. 목자와 양으로 비유된 말씀은 성경 여러 곳에서 찾을 수 있는데 그중 하나가 이사야서 53장입니다.

"우리는 다 양 같아서 그릇 행하여 각기 제 길로 갔거늘 여호와께
서는 우리 모두의 죄악을 그에게 담당시키셨도다"(시53:6)

이 말씀에서 양의 특성을 잘 볼 수 있는데 "각기 제 길로 갔거늘", 곧 자기 마음대로 결정한다는 것입니다. 재미있게도 "양"으로 번역된 헬라어 '프로바톤'은 '앞'을 의미하는 '프로'와 '걸어간다'는 뜻의 '바톤'의 합성어로 '앞만 보고 걸어간다'라는 의미를 갖습니다. 좋은 의미가 아니라 완고하다는 뜻입니다. 그래서 그 결과가 좋지 않습니다.

주님께서 이 같은 비유를 사용하신 것은 양 같은 우리의 문제를 드

러내려는 것이 아니라 주님이 선한 목자시라는 것을 말씀하기 위함입니다. 우리는 비록 양과 같을지라도 상관없습니다. 주님이 선한 목자이시기 때문입니다. 하지만 양이 해야 할 것이 있습니다. 그것은 목자 되신 주님의 음성을 듣는 것입니다. 그것이 모든 것에 우선하는 가치입니다.

> "문으로 들어가는 이는 양의 목자라 문지기는 그를 위하여 문을
> 열고 양은 그의 음성을 듣나니 그가 자기 양의 이름을 각각 불러
> 인도하여 내느니라"(요10:2–3)

목자의 음성을 듣는 것이 양에게 가장 안전한 길입니다. 그러므로 우리가 살면서 추구해야 할 가장 위대한 일은 주님의 음성을 듣는 법을 배우는 것입니다. 그때 우리는 무엇이든 자유롭게 할 수 있습니다. 어떤 때는 자기주장대로 살 수도 있습니다. 하지만 주님의 음성을 들을 수 있다면 안전합니다. 듣고 돌아설 수 있기 때문입니다. 양의 자유는 목자의 음성을 듣는 것에서 비롯됩니다. 이것만 잊지 않으면 됩니다.

* 묵상질문
목자의 음성을 잘 듣는 양이 지혜로운 양입니다. 그런 의미에서 주님의 음성이 잘 들리십니까?

반드시 찾으신다

* Lexio 읽기 / 요한복음 10:7-15
가능하면 오늘의 본문을 먼저 읽는 것이 좋지만 바로 아래 글을 읽어도 좋습니다. 충분히 본문을 이해하도록 배려하며 글을 썼습니다. 혹시 본문을 읽으신 분은 감동이 오는 말씀이나 단어 혹은 느낌을 간단히 적으시면 좋습니다.

> "도둑이 오는 것은 도둑질하고 죽이고 멸망시키려는 것뿐이요 내가 온 것은 양으로 생명을 얻게 하고 더 풍성히 얻게 하려는 것이라"(요10:10)

우리가 양 같은 존재라는 것은 중요하지 않습니다. 중요한 것은 주님이 선한 목자이시라는 점입니다. 오늘 말씀의 논지는 간단합니다. 주님은 위기를 만나면 양을 버리고 도망가는 삯꾼 같은 존재도 아니고, 멸망시켜 자기 이득을 취하려고 오는 도적도 아닙니다. 더 적극적으로 선한 목자이신 주님은 양을 위하여 모든 것을 다 내어줄 준비가 되어 계신 분입니다.

> "나는 선한 목자라 나는 내 양을 알고 양도 나를 아는 것이 아버지께서 나를 아시고 내가 아버지를 아는 것 같으니 나는 양을 위하여 목숨을 버리노라"(요10:14-15)

이사야 선지자의 말처럼 우리는 그릇 행하여 자기 마음대로 행동하여 사망의 위험에 처하는 어려움을 당할 수도 있습니다. 양 같아서 그렇습니다. 그런데 그것들은 중요하지 않습니다. 선한 목자 되신 주님께서 반드시 그 위기들로부터 우리를 구하실 것이기 때문입니다.

> "내가 사망의 음침한 골짜기로 다닐지라도 해를 두려워하지 않을
> 것은 주께서 나와 함께 하심이라 주의 지팡이와 막대기가 나를
> 안위하시나이다"(시23:4)

주님은 이러한 상황을 그림 이야기로 설명하신 적이 있습니다. 잃어버린 한 마리 양을 찾기 위하여 아흔아홉 마리를 두고 찾아 나선 목자의 이야기로 말입니다. 주님은 매우 정확하게 목자의 태도를 말씀하셨습니다.

> "너희 중에 어떤 사람이 양 백 마리가 있는데 그 중의 하나를 잃
> 으면 아흔아홉 마리를 들에 두고 그 잃은 것을 찾아내기까지 찾
> 아다니지 아니하겠느냐"(눅15:4)

"찾아내기까지". 반드시 찾는다는 뜻입니다. 그때까지 포기할 의사가 없으십니다. 찾아낼 때까지 찾으신다는 사실이 중요합니다. 바로 이분이 우리 주님이십니다.

＊ 묵상질문
주님은 반드시 우리를 찾으십니다. 그렇다고 마음대로 살아서는 안 됩니다. 오히려 주의 음성을 듣고 주의 뜻대로 사는 것이 아름다운 것입니다. 이것을 잊지 마십시오.

양이 되신 예수

* Lexio 읽기 / 요한복음 10:16-18

가능하면 오늘의 본문을 먼저 읽는 것이 좋지만 바로 아래 글을 읽어도 좋습니다. 충분히
본문을 이해하도록 배려하며 글을 썼습니다. 혹시 본문을 읽으신 분은 감동이 오는 말씀이
나 단어 혹은 느낌을 간단히 적으시면 좋습니다.

8년 동안 양을 치며 목자 생활을 한 필립 켈러에 따르면 양들은 푹
신하고 우묵하게 땅이 파인 곳에 눕는 것을 좋아합니다. 그래서 양들
은 우묵하게 팬 땅을 발견하고 드러누우려다가 넘어져서 네 발을 허공
에다 대고 일어나지 못하는 경우가 발생하는데, 그로 인해 질식사하거
나 맹수의 표적이 된다고 합니다. 켈러는 이런 상황이 발생하는 이유
를 "군중 심리, 두려움과 소심함, 완고함과 어리석음, 비뚤어진 습관"
(필립 켈러, 「양과 목자」, 생명의말씀사, 17쪽) 때문이라고 설명합니다.

참 어리석은 짐승입니다. 어디로 가는지도 모르고, 두려우면서도 군
중심리로, 하지만 완고함으로 무장한 채 무조건 갑니다. 더욱이 한 치
앞도 보지 못하는 지독한 근시인데도 그 같은 고집을 유지합니다. 참
완악한 짐승입니다. 그런데 고난받는 종 메시야 곧 예수에 대한 예언
이 매우 흥미롭습니다.

> "우리는 다 양 같아서 그릇 행하여 각기 제 길로 갔거늘 여호와
> 께서는 우리 모두의 죄악을 그에게 담당시키셨도다 그가 곤욕을
> 당하여 괴로울 때에도 그의 입을 열지 아니하였음이여 마치 도

수장으로 끌려 가는 어린 양과 털 깎는 자 앞에서 잠잠한 양 같
이 그의 입을 열지 아니하였도다"(사53:6-7)

놀랍게도 주님이 양으로 오신 것입니다. 요한이 나중 요한계시록에
기록했지만 밧모 섬 환상 중 "어린 양"의 모습을 봅니다. 그가 처음 봤
을 때 알았던 "세상 죄를 지고 가는 하나님의 어린 양"(요1:29)이었습
니다.

'양이 되어 오시다!' 주님은 무지한 우리를 위하여 스스로 천박한 양
같은 존재가 되신 것입니다. 우리가 자기 마음대로 걸어감으로 받아야
할 죗값을 주님이 대신 받으시기 위하여 저들이 끌고 가는 대로 자신
을 버리신 것입니다. 오로지 우리가 지은 모든 죄를 대신 지기 위함이
고 우리를 살리기 위해서였습니다.

"그가 찔림은 우리의 허물 때문이요 그가 상함은 우리의 죄악 때
문이라 그가 징계를 받으므로 우리는 평화를 누리고 그가 채찍
에 맞으므로 우리는 나음을 받았도다"(사53:5)

* 묵상질문
친히 양이 되신 예수님을 생각할 때마다 우리의 완악함과 어리석음을 회개해야 합니다. 알
겠습니까?

제 6 부

믿는 것과 사는 것

두 달 동안 숙성된 사건

* Lexio 읽기 / 요한복음 10:19-21
가능하면 오늘의 본문을 먼저 읽는 것이 좋지만 바로 아래 글을 읽어도 좋습니다. 충분히
본문을 이해하도록 배려하며 글을 썼습니다. 혹시 본문을 읽으신 분은 감동이 오는 말씀이
나 단어 혹은 느낌을 간단히 적으시면 좋습니다.

9장의 실로암 맹인 사건에 이어 10장에서 양과 선한 목자 비유를 18절까지 기록하다가 갑자기 생뚱맞아 보이는 19-21절 기록이 등장합니다. 하지만 자세히 읽어보면 매우 의도적인 상황 설명임을 알 수 있습니다. 우선 시간 순으로 살펴보면 22절 이하는 수전절 절기에 이루어진 것이고, 이전의 말씀들은 초막절 절기에 이루어진 말씀입니다. 요한복음에서 초막절 절기 기록은 7장부터 시작됩니다.

> "유대인의 명절인 초막절이 가까운지라... 이미 명절의 중간이 되
> 어 예수께서 성전에 올라가사 가르치시니"(요7:2,14)

초막절은 유대인의 절기로 티쉬리월(9-10월) 15일에 시작됩니다. 그리고 수전절(하누카)은 키스레브월(11-12월) 25일부터 8일 동안 지켜졌습니다. 따라서 19-21절의 기록은 양과 선한 목자 비유 사건 후 약 두 달 정도가 흐른 후임을 알 수 있습니다.

두 달 동안 예루살렘에는 많은 논쟁이 있었고, 예수님에 대한 평가는 둘로 나누어집니다. 많은 사람들은 '귀신들려 미쳤다'라고 예수님을

평가하였습니다. 그러나 "귀신이 맹인의 눈을 뜨게 할 수 있느냐"(요 10:21)라는 말도 무시할 수 없었습니다. 혼란으로 술렁거리던 중 수전 절을 만났습니다. 게다가 그즈음 예수님이 "성전 안 솔로몬 행각에서 거니시"(요10:23)는 것을 사람들이 발견합니다.

수전절이 되면 종교적으로 민감해집니다. 수전절의 유래는 이스라 엘이 수리아의 통치를 받을 때로 거슬러 올라갑니다. 수리아 왕 안티 오코스 4세는 성전에 제우스를 위한 제단을 쌓고 제물을 바치게 하였 고 할례 금지, 안식일 금지, 성경책은 발견 즉시 소각했습니다. 완벽 한 신성 모독 정책이었습니다. 그러던 중 B.C. 164년 기슬르월 25일에 유다 마카비가 예루살렘 성전을 탈환, 성전을 청소하고, 제단을 회복 합니다. 그때부터 8일 동안 촛대 하나씩 불을 밝히는 '빛의 절기'를 지 키게 되었는데 바로 수전절입니다. 그런 까닭에 이 시기에 이스라엘은 신성모독 행위나 율법에 저촉된 것들을 민감하게 살펴보는데, 예수님 이 그 잣대에 걸려든 것입니다. 실은 두 달 동안 숙성된 사건이었습니 다.

* **묵상질문**
두 달이 지나면서 예수님은 귀신 들린 사람으로 여겨졌습니다. 거짓 뉴스가 형성된 것입니 다. 오늘 상황과 관련해 보면 어떤 생각이 드십니까?

믿는 것과 사는 것

* Lexio 읽기 / 요한복음 10:22-38
가능하면 오늘의 본문을 먼저 읽는 것이 좋지만 바로 아래 글을 읽어도 좋습니다. 충분히 본문을 이해하도록 배려하며 글을 썼습니다. 혹시 본문을 읽으신 분은 감동이 오는 말씀이나 단어 혹은 느낌을 간단히 적으시면 좋습니다.

"예루살렘에 수전절이 이르니 때는 겨울이라 예수께서 성전 안 솔로몬 행각에서 거니시니 유대인들이 에워싸고 이르되 당신이 언제까지나 우리 마음을 의혹하게 하려 하나이까 그리스도이면 밝히 말씀하소서 하니"(요10:22-24)

이 말씀만 보면 약간의 위압적 상황으로 느껴지지만, 실제는 돌을 들고 예수님을 신성모독 죄로 치려고 다가온 상황이 아닌가 의심됩니다. 왜냐하면 서로의 대화 중 31절에서 '유대인들이 다시 돌을 들어 치려 하였다'라는 기록 때문입니다. 여하튼 유대인들은 매우 격앙된 분위기로 예수님을 찾아온 것임이 틀림없습니다.

그들의 질문 앞에 예수님은 예상외로 강력한 입장을 견지하셨습니다. 한 마디로 예수님의 입장을 정리한다면 "나와 아버지는 하나"(요 10:30)라고 이야기할 수 있습니다. 이 말씀을 들은 사람들은 극도의 분노를 표하면서 예수님을 죽이려고 합니다. 화가 난 이유는 매우 분명했습니다. 예수님이 하신 일 때문이 아니라 예수님이 사용하신 언어와 자신을 하나님과 동일한 존재라고 주장했기 때문이었습니다.

"유대인들이 대답하되 선한 일로 말미암아 우리가 너를 돌로 치려는 것이 아니라 신성모독으로 인함이니 네가 사람이 되어 자칭 하나님이라 함이로라"(요10:33)

이미 설명한 것처럼 그들이 경험했던 시간들이 그들을 이토록 민감하게 만들었습니다. 그들의 세계관은 그들을 지키는 기준이 되었습니다. 그런데 너무 견고해진 까닭에 많은 증거들이 예수가 누구인지를 드러내고 있지만 부정하게 했습니다. 참 아쉬운 장면입니다. 그때 주님이 하신 말씀입니다.

"너희가 내 양이 아니므로 믿지 아니하는도다"(요10:26)

이 말씀이 그들을 비난하는 말처럼 들릴 수 있으나 사실은 믿으라는 이야기입니다. 그래서 주님은 설득을 이어가셨는데 심지어 이런 말씀까지 하셨습니다.

"만일 내가 내 아버지의 일을 행하지 아니하거든 나를 믿지 말려니와 내가 행하거든 나를 믿지 아니할지라도 그 일은 믿으라"
(요10:37-38)

* 묵상질문
믿는 것과 함께 하나님의 사람으로 사는 것이 중요합니다. 그 지점이 복음의 틈이 될 수 있기 때문입니다.

모든 것의 시작

* Lexio 읽기 / 요한복음 10:31-42
가능하면 오늘의 본문을 먼저 읽는 것이 좋지만 바로 아래 글을 읽어도 좋습니다. 충분히 본문을 이해하도록 배려하며 글을 썼습니다. 혹시 본문을 읽으신 분은 감동이 오는 말씀이나 단어 혹은 느낌을 간단히 적으시면 좋습니다.

"유대인들이 대답하되 선한 일로 말미암아 우리가 너를 돌로 치
려는 것이 아니라 신성모독으로 인함이니 네가 사람이 되어 자
칭 하나님이라 함이로라"(요10:33)

예수님이 하나님 되심을 그들은 절대로 받아들일 수 없었습니다. 그들의 무지 때문입니다. 하나님은 우리 역시 신적인 존재라고 말씀하십니다. 그래서 예수님은 시편 82편을 예로 들어 중요한 말씀을 하셨습니다.

"내가 말하기를 너희는 신들이며 다 지존자의 아들들이라 하였으
나"(시82:6)

"예수께서 이르시되 너희 율법에 기록된 바 내가 너희를 신이라
하였노라 하지 아니하였느냐 성경은 폐하지 못하나니 하나님의
말씀을 받은 사람들을 신이라 하셨거든"(요10:34-35)

'원래 너희들도 신적인 존재다.' 주님이 하고 싶으셨던 말씀입니다.

우리의 근원이 하나님이시기 때문입니다. 하나님에게서 나온 우리는 당연히 하나님적 존재인 것입니다. 이것을 인정하지 않으면 우리는 육체를 가진 보통 사람으로 묶여 살 수밖에 없습니다.

'신적 존재인데 보통 사람처럼 산다!' 주님이 안타까워하신 부분입니다. 우리의 온전치 못한 믿음 때문에 하나님의 자녀로서 신적인 능력을 사용하지 못한 채 살아가는 것입니다. 우리가 믿어 하나님의 자녀가 되었지만 보통 사람으로 살아가는 것입니다. 이 같은 무지 때문에 하나님과 동일하신 예수 그리스도를 만나지만 받아들일 수 없는 것입니다. 자신이 하나님으로부터 나온 하나님의 자녀임을 전혀 모르기 때문입니다. 이것의 실마리는 예수가 누구신지, 하나님과는 어떤 관계인지를 아는 것에 있었습니다. 그래서 이렇게 말씀하신 것입니다.

> "내가 행하거든 나를 믿지 아니할지라도 그 일은 믿으라 그러면
> 너희가 아버지께서 내 안에 계시고 내가 아버지 안에 있음을 깨
> 달아 알리라 하시니"(요10:38)

우리들의 시작, 놀랍고도 기적적인 삶의 시작은 언제나 믿음에서 출발합니다. 믿을 때 우리는 우리 자신이 얼마나 놀라운 존재인지를 깨닫게 됩니다. 그때부터 하나님의 자녀로 살게 되는 것은 두말할 것도 없습니다.

* 묵상질문
온전히 믿으셔야 합니다. 그것이 모든 것의 시작입니다.

- -

- -

죽고 사는 것보다 중요한 문제

* Lexio 읽기 / 요한복음 11:1-8

가능하면 오늘의 본문을 먼저 읽는 것이 좋지만 바로 아래 글을 읽어도 좋습니다. 충분히 본문을 이해하도록 배려하며 글을 썼습니다. 혹시 본문을 읽으신 분은 감동이 오는 말씀이나 단어 혹은 느낌을 간단히 적으시면 좋습니다.

시간이 지나갈수록 예수님에 대한 평가는 극렬하게 나누어졌습니다. 앞서 살핀 것처럼 자칭 하나님과 동등됨을 주장하는 예수를 예루살렘 지도자들은 가만히 둘 수가 없었습니다. 특히 베데스다 못 가에서 38년 된 병자를 안식일 날 고치신 것과 오병이어로 5천 명을 먹인 사건은 그들의 위치를 흔드는 것이었습니다. 그래서 예루살렘 종교 지도자들은 예수님을 죽이기 위한 구체적 음모를 꾸미기 시작합니다.

그때 예수님이 사랑하시는 베다니의 나사로가 매우 위중하다는 소식이 들려왔습니다. 그냥 바라볼 수만은 없었을 것입니다. 그런데 예수님이 이상한 행동을 보이셨습니다. 나사로의 위급한 상황을 듣고도 바로 베다니로 가지 않으신 것입니다. 오히려 예수님은 소식을 듣고도 머물던 곳에 이틀이나 더 머무르셨습니다.

> "나사로가 병들었다 함을 들으시고 그 계시던 곳에 이틀을 더 유하시고 그 후에 제자들에게 이르시되 유대로 다시 가자 하시니"
> (요11:6-7)

그 후 떠나자는 주님의 말씀에 제자들은 방금 전에 유대인들이 주님을 돌로 치려 했다는 것을 떠올리며 걱정합니다. 베다니는 예루살렘 가까이에 있었기 때문에 예수님이 베다니로 가신다면 예수님을 잡으려고 혈안이 되어 있는 이들에게 스스로 잡히시는 것과 마찬가지였기 때문입니다. 어쩌면 제자들은 이틀을 머문 것도 그것 때문이라고 생각했을 것입니다. 하지만 그것 때문이 아니었습니다. 주님이 먼저 하신 말씀을 들어보면 알 수 있습니다.

> "예수께서 들으시고 이르시되 이 병은 죽을 병이 아니라 하나님
> 의 영광을 위함이요 하나님의 아들이 이로 말미암아 영광을 받
> 게 하려 함이라 하시더라"(요11:4)

우리는 잘 이해할 수 없지만 죽고 사는 것의 차원이 모든 것의 종말을 의미하는 것은 아니기에, 인간의 생로병사(生老病死)는 물리적으로는 힘든 일이지만 하나님의 나라 관점에서 보면 끝없는 절망이나 치명적 사건은 아닙니다. 죽고 사는 것보다 우리가 그리스도 안에 있는가 없는가 하는 문제가 더욱 중요할 뿐입니다. 죽어도 살고, 지금 살아있는 자는 영원히 죽지 않는 다른 존재로의 삶이 남아있기 때문입니다.

* 묵상질문
우리는 인간의 죽고 사는 문제에 집착합니다. 물론 중요하지만 그것이 전부가 아닙니다. 잊지 마십시오

주님의 의도

* Lexio 읽기 / 요한복음 11:9-16

가능하면 오늘의 본문을 먼저 읽는 것이 좋지만 바로 아래 글을 읽어도 좋습니다. 충분히 본문을 이해하도록 배려하며 글을 썼습니다. 혹시 본문을 읽으신 분은 감동이 오는 말씀이나 단어 혹은 느낌을 간단히 적으시면 좋습니다.

> "나사로가 병들었다 함을 들으시고 그 계시던 곳에 이틀을 더 유
> 하시고 그 후에 제자들에게 이르시되 유대로 다시 가자 하시니"
>
> (요11:6-7)

참 이상한 행동이었습니다. 한시가 급한 상황에서 예수님이 그곳에 머무르신 것 말입니다. 이후에도 예수님의 행보는 빠르지 않았던 것으로 보입니다. 예수님께서 베다니에 도착했을 때 이미 나사로는 죽은 지 나흘이나 되어 있었기 때문입니다. 완벽히 죽은 상태, 이미 부패가 진행된 상태였습니다.

사실 예수님의 행동은 다분히 의도적이었습니다. 그것은 사람들로 하여금 예수님이 하나님의 아들임을 믿게 하려는 것이었습니다. 먼저 예수님은 제자들에게 확신을 심어주려 하셨습니다. 그래서 주님은 제자들이 알게 될 정확한 지식을 인하여 미리 기뻐하셨습니다.

> "이에 예수께서 밝히 이르시되 나사로가 죽었느니라 내가 거기
> 있지 아니한 것을 너희를 위하여 기뻐하노니 이는 너희로 믿게

하려 함이라 그러나 그에게로 가자 하시니"(요11:14-15)

예수님은 또 모든 사람들을 염두에 두고 있었습니다. 예수님께서 나사로를 살리기 전 무덤 앞에서 하신 기도로 알 수 있습니다.

"돌을 옮겨 놓으니 예수께서 눈을 들어 우러러 보시고 이르시되 아버지여 내 말을 들으신 것을 감사하나이다 항상 내 말을 들으시는 줄을 내가 알았나이다 그러나 이 말씀 하옵는 것은 둘러선 무리를 위함이니 곧 아버지께서 나를 보내신 것을 그들로 믿게 하려 함이니이다"(요11:41-42)

이러한 예수님의 의도는 어두움에 익숙해진 우리에게 강력한 빛을 비추시려는 예수님의 열심이었습니다. 햇빛이 비치는 대낮 같은 분명한 진리, 예수님의 하나님 되심을 증거하려는 의도였습니다. 그래서 예수님께서 나사로가 위중하다는 소식을 처음 들으셨을 때 "이 병은 죽을 병이 아니라 하나님의 영광을 위함이요 하나님의 아들이 이로 말미암아 영광을 받게 하려 함이라"(요11:4)라고 말씀하신 것입니다.

* 묵상질문
조금만 돌아보면 크리스천들에게는 개개인의 간증이 있을 것입니다. 그것들이 우리를 믿음의 깊이로 인도했을 것입니다. 한번 생각해 보시고 함께 나누시길 바랍니다.

저평가된 마르다

* Lexio 읽기 / 요한복음 11:17-27
가능하면 오늘의 본문을 먼저 읽는 것이 좋지만 바로 아래 글을 읽어도 좋습니다. 충분히 본문을 이해하도록 배려하며 글을 썼습니다. 혹시 본문을 읽으신 분은 감동이 오는 말씀이나 단어 혹은 느낌을 간단히 적으시면 좋습니다.

> "많은 유대인이 마르다와 마리아에게 그 오라비의 일로 위문하러
> 왔더니 마르다는 예수께서 오신다는 말을 듣고 곧 나가 맞이하
> 되 마리아는 집에 앉았더라"(요11:19-20)

예수님의 여인들 중 마리아는 매우 주요하게 여겨집니다. 우리가 잘 아는 예수님의 발에 향유를 부은 사건을 비롯해 자주 등장하기 때문입니다. 또 한 가지, 예수님께서 그들의 집에 오셨을 때 음식 준비보다 말씀을 듣는 것을 택했던 마리아를 주님이 지지한 기사 때문에도 마리아가 우리의 관심 속에 들어와 있는 것이 사실입니다.

반면에 언니 마르다는 그렇지 못하게 생각되곤 합니다. 하지만 마르다 역시 대단히 아름다운 믿음의 사람입니다. 오늘 본문이 그것을 증명합니다. 오빠 나사로 때문에 예수님이 오신다는 소식을 들었을 때였습니다. 마리아는 그냥 집에 있었지만 마르다는 예수님을 맞으러 나갑니다. 그리고 예수님을 만나자 마르다가 꺼낸 말입니다.

"주께서 여기 계셨더라면 내 오라버니가 죽지 아니하였겠나이다

그러나 나는 이제라도 주께서 무엇이든지 하나님께 구하시는 것
을 하나님이 주실 줄을 아나이다"(요11:21-22)

이 고백으로 시작된 마르다와 예수님의 대화는 계속 이어집니다. 그리고 예수님께서 복음의 핵심을 말씀하시면서 마르다의 신앙고백으로 발전됩니다. 아름다운 대화, 복음의 핵심이 고백됩니다.

"나는 부활이요 생명이니 나를 믿는 자는 죽어도 살겠고 무릇 살
아서 나를 믿는 자는 영원히 죽지 아니하리니 이것을 네가 믿느
냐"(요11:25-26)

예수님의 질문에 마르다는 정말 멋진 신앙고백을 합니다.

"주여 그러하외다 주는 그리스도시요 세상에 오시는 하나님의 아
들이신 줄 내가 믿나이다"(요11:27)

가이사랴 빌립보에서 베드로가 한 고백보다 앞서는 진정성 있는 고백입니다. 그동안 마르다가 얼마나 저평가되었는지 알 수 있습니다.

* **묵상질문**
저평가됐을지라도 마르다는 아름다운 고백의 사람입니다. 당신은 어떻게 고백하십니까?

우리의 믿음을 일으키기 위하여

* Lexio 읽기 / 요한복음 11:28-44

가능하면 오늘의 본문을 먼저 읽는 것이 좋지만 바로 아래 글을 읽어도 좋습니다. 충분히 본문을 이해하도록 배려하며 글을 썼습니다. 혹시 본문을 읽으신 분은 감동이 오는 말씀이나 단어 혹은 느낌을 간단히 적으시면 좋습니다.

> "나는 부활이요 생명이니 나를 믿는 자는 죽어도 살겠고 무릇 살아서 나를 믿는 자는 영원히 죽지 아니하리니 이것을 네가 믿느냐"(요11:25-26)

　주님의 물음에 마르다는 놀라운 신앙고백을 하였음을 살폈습니다. 이어 마리아를 부르신 주님이 그녀가 "주께서 여기 계셨더라면 내 오라버니가 죽지 아니하였겠나이다"(요11:32)라고 말하며 우는 것을 보며 주님 역시 비통해 하시며 눈물을 흘리셨습니다.

> "예수께서 그가 우는 것과 또 함께 온 유대인들이 우는 것을 보시고 심령에 비통히 여기시고 불쌍히 여기사... 예수께서 눈물을 흘리시더라"(요11:33,35)

　'주님이 왜 우셨을까?' 하는 질문이 듭니다. 분명한 것은 나사로가 죽은 슬픔 때문은 아닙니다. 우리는 사람들의 반응으로 울음의 의미를 살필 수 있을 것 같습니다.

"예수께서는 눈물을 흘리셨다. 그래서 유다인들은 '저것 보시오.
라자로를 무척 사랑했던가 봅니다.' 하고 말하였다."

(공동번역/요11:35-36)

    만일 사람들이 느낀 것이 옳다면 주님의 눈물은 잠시일지라도 사랑하는 사람들을 슬픔에 머물도록 하신 것에 대한 비통함이었을 것입니다. 그러나 시간을 지체하였던 이유는 앞에서 살핀 것처럼 저들이 믿을 수 있도록 하기 위한 주님의 배려였습니다. 이것은 나사로의 무덤 앞에서 나사로를 살리기 전 하나님께 드린 기도에 분명히 나타납니다.

"돌을 옮겨 놓으니 예수께서 눈을 들어 우러러 보시고 이르시되
아버지여 내 말을 들으신 것을 감사하나이다 항상 내 말을 들으
시는 줄을 내가 알았나이다 그러나 이 말씀 하옵는 것은 둘러선
무리를 위함이니 곧 아버지께서 나를 보내신 것을 그들로 믿게
하려 함이니이다"(요11:41-42)

    나사로 부활 사건은 예수님이 소원하신 대로 큰 소문으로 번졌고, 사람들은 마리아에게 사실 관계를 물은 후 예수님을 믿는 일로 발전되었습니다.

"마리아에게 와서 예수께서 하신 일을 본 많은 유대인이 그를 믿
었으나"(요11:45)

* 묵상질문
우리는 나사로 부활 사건을 통해서 우리의 믿음을 일으키시려는 예수님의 마음을 알게 됩니다. 이해되십니까?

_____

_____

하나님은 모든 경우로 일하신다

* Lexio 읽기 / 요한복음 11:45-57

가능하면 오늘의 본문을 먼저 읽는 것이 좋지만 바로 아래 글을 읽어도 좋습니다. 충분히
본문을 이해하도록 배려하며 글을 썼습니다. 혹시 본문을 읽으신 분은 감동이 오는 말씀이
나 단어 혹은 느낌을 간단히 적으시면 좋습니다.

"마리아에게 와서 예수께서 하신 일을 본 많은 유대인이 그를 믿
었으나"(요11:45)

나사로 사건은 일반 사람들뿐 아니라 예루살렘 종교 지도자들에게
도 충격이었습니다. 더욱이 나사로를 살린 기적은 너무 강력하기에 많
은 사람이 예수를 믿을까 두려워했습니다. 그 이유가 기막힙니다.

"만일 그를 이대로 두면 모든 사람이 그를 믿을 것이요 그리고 로
마인들이 와서 우리 땅과 민족을 빼앗아 가리라 하니"(요11:48)

그들이 반대하는 이유는 놀랍게도 로마의 침략으로 그들의 모든 것
이 다시 유린당하리라 생각해서입니다. 표면적으로는 "땅과 민족"을
뺏길 것을 걱정하고 있지만, 엄밀히 말하면 자신들의 기득권을 빼앗기
는 것을 걱정하는 것이었고 민족 혹은 독립 심지어 하나님 나라에 대
한 관심이 전혀 없음을 드러내는 것이었습니다. 그때 그 해의 대제사
장이었던 가야바가 놀라운 얘기를 합니다.

"너희가 아무 것도 알지 못하는도다 한 사람이 백성을 위하여 죽
어서 온 민족이 망하지 않게 되는 것이 너희에게 유익한 줄을 생
각하지 아니하는도다"(요11:49-50)

가야바가 인간적인 생각으로 말했는지 모르지만 이는 예언적 메시
지였습니다. 그 말의 의미를 요한복음은 이렇게 설명했습니다.

"이 말은 가야파가 자기 생각으로 한 것이 아니라 그 해의 대사
제로서 예언을 한 셈이다. 그 예언은 예수께서 유다 민족을 대
신해서 죽게 되리라는 것과 자기 민족뿐만 아니라 흩어져 있는
하나님의 자녀들을 한데 모으기 위해서 죽는다는 뜻이었다."
(공동번역/요11:51-52)

그 해의 대제사장 가야바가 결정한 것은 놀랍게도 하나님의 계획을
행하는 것이었습니다. 그는 성령의 감동으로 말한 것이 전혀 아니었지
만, 하나님께서는 그를 도구적 존재로 사용하여 말씀하게 하셨음을 알
수 있습니다. 그날부터 그들은 공식적으로 예수를 죽이려 움직였습니
다.

"이 날부터는 그들이 예수를 죽이려고 모의하니라"(요11:53)

* 묵상질문
하나님은 모든 경우를 통해 일하십니다. 아멘.

_____

_____

제 7 부

믿음의 색깔

도둑의 동기

* Lexio 읽기 / 요한복음 12:1-8
가능하면 오늘의 본문을 먼저 읽는 것이 좋지만 바로 아래 글을 읽어도 좋습니다. 충분히 본문을 이해하도록 배려하며 글을 썼습니다. 혹시 본문을 읽으신 분은 감동이 오는 말씀이나 단어 혹은 느낌을 간단히 적으시면 좋습니다.

"유월절 엿새 전에 예수께서 베다니에 이르시니 이 곳은 예수께
서 죽은 자 가운데서 살리신 나사로가 있는 곳이라"(요12:1)

얼마나 시간이 지났는지 정확히 알 수는 없지만 예수님이 다시 베다니로 오신 것은 공생애 마지막 유월절 때였습니다. 요한복음은 베다니로만 기록하지만 마가복음은 정확하게 "베다니 나병환자 시몬의 집"(막14:3)이라고 장소를 특정합니다. 그러니까 베다니에서는 나사로가 살아난 것 외에도 나병환자 시몬도 고침 받았음에 틀림없습니다. 그래서 예수님이 오신다는 소식을 듣고 마을 잔치를 준비한 것으로 보입니다.

"거기서 예수를 위하여 잔치할새 마르다는 일을 하고 나사로는
예수와 함께 앉은 자 중에 있더라"(요12:2)

그 자리에서 마리아는 삼백 데나리온의 값어치를 하는 나드 옥합을 깨뜨려 예수님의 발에 붓습니다. 그리고 자신의 머리털로 예수님의 발을 씻습니다. 이것은 매우 도발적인 사건이었습니다. 함께 있었던 가

롯 유다는 도무지 이해할 수 없었습니다. 어느 정도 예수님의 몸에 향유를 부을 수 있지만 일 년 품삯에 가까운 양을 붓는 것은 낭비로 본 것입니다. 드디어 그가 한 마디 합니다.

> "이 향유를 어찌하여 삼백 데나리온에 팔아 가난한 자들에게 주
> 지 아니하였느냐"(요12:5)

하지만 예수님께서는 가룟 유다의 반응에 정색하셨습니다. 왜냐하면 유다의 진심을 보았기 때문이었습니다.

> "이렇게 말함은 가난한 자들을 생각함이 아니요 그는 도둑이라
> 돈궤를 맡고 거기 넣는 것을 훔쳐 감이러라"(요12:6)

유다의 행동에는 이유가 있었습니다. 정의로워 보이는 열정에는 동기가 있었습니다. 알고 보니 그것은 도둑의 동기였습니다. 그의 정의 주장의 동기는 자기 영광이었습니다. 그가 추구했던 것의 내용은 고작 그것이 전부였습니다.

* 묵상질문
우리의 정의와 열심의 동기가 무엇인지를 우리 역시 살펴볼 필요가 있습니다. 어떤 동기에 기초하고 있다고 생각하십니까?

믿음의 색깔을 보라

* Lexio 읽기 / 요한복음 12:9-19
가능하면 오늘의 본문을 먼저 읽는 것이 좋지만 바로 아래 글을 읽어도 좋습니다. 충분히
본문을 이해하도록 배려하며 글을 썼습니다. 혹시 본문을 읽으신 분은 감동이 오는 말씀이
나 단어 혹은 느낌을 간단히 적으시면 좋습니다.

> "유대인의 큰 무리가 예수께서 여기 계신 줄을 알고 오니 이는 예
> 수만 보기 위함이 아니요 죽은 자 가운데서 살리신 나사로도 보
> 려 함이러라"(요12:9)

나흘 만에 다시 살아난 나사로는 놀라운 기적의 표본이었습니다. 시
간이 지날수록 나사로는 예수님을 믿게 하는 상징적 존재가 되었습니
다. 사람들이 나사로에게 열광할수록 대제사장들과 예루살렘 종교 그
룹들은 불안해졌고 급기야 대제사장들이 나서서 나사로를 죽이자는
모의를 합니다.

> "대제사장들이 나사로까지 죽이려고 모의하니 나사로 때문에 많
> 은 유대인이 가서 예수를 믿음이러라"(요12:10-11)

하지만 예수님을 지지하는 무리들은 더욱 커져 갔습니다. 드디어 유
월절 기간에 예수님께서 예루살렘으로 입성할 때였습니다. 군중들은
열광하였습니다.

"종려나무 가지를 가지고 맞으러 나가 외치되 호산나 찬송하리로
다 주의 이름으로 오시는 이 곧 이스라엘의 왕이시여 하더라"

(요12:13)

군중들의 외침은 보통 심각한 것이 아니었습니다. 분명히 위협적이
었고, 메시야 대망 행위로 보였습니다. 많은 지지 세력을 본 대제사장
들과 유대의 기득권자들은 단순히 자신들의 방법으로 예수를 죽일 수
없다고 판단합니다. 와중에 그들 중 행동 대원과 다름없었던 바리새인
들이 포기할 조짐을 보입니다.

"바리사이파 사람들은 '자, 이제는 다 틀렸습니다. 모든 사람이
다 그를 따라가고 있지 않습니까?' 하며 서로 걱정하였다."

(공동번역/요12:19)

그만큼 예수님을 따르는 자들의 함성과 지지가 굉장했던 것입니다.
하지만 이러한 뜨거움은 이후에 예수님을 죽이고 정죄하는 분위기로
바뀝니다. 열광의 허상입니다. 군중들의 환호를 믿음과 동일시할 수
없는 이유입니다. 믿음은 선동적 구호나 감정적 흥분으로만 이뤄져서
는 안 됩니다. 차가운 이성도 필요합니다. 그런 점에서 우리 믿음이 어
떤 색깔인지를 돌아볼 필요가 있습니다.

* **묵상질문**
자신의 믿음을 들여다보십시오. 어떤 색깔의 믿음입니까? 믿음은 독립적이고 실존적이라
고 생각하십니까?

여전히 제자를 부르고 계시다

* Lexio 읽기 / 요한복음 12:20-29
가능하면 오늘의 본문을 먼저 읽는 것이 좋지만 바로 아래 글을 읽어도 좋습니다. 충분히 본문을 이해하도록 배려하며 글을 썼습니다. 혹시 본문을 읽으신 분은 감동이 오는 말씀이나 단어 혹은 느낌을 간단히 적으시면 좋습니다.

"명절에 예배하러 올라온 사람 중에 헬라인 몇이 있는데 그들이
갈릴리 벳새다 사람 빌립에게 가서 청하여 이르되 선생이여 우
리가 예수를 뵈옵고자 하나이다 하니"(요12:20-21)

예수님에 대한 소문은 더욱 퍼져나갔습니다. 심지어 유월절에 헬라
지역에서 예루살렘으로 온 외국인들까지 예수님을 만나고 싶어 했습
니다. 그런데 정작 그들을 만난 예수님은 이상한 말씀과 행동을 하셨
습니다. 보좌와 영광이 아니라 죽음과 희생을 말씀하신 것입니다.

"예수께서 대답하여 이르시되 인자가 영광을 얻을 때가 왔도다
내가 진실로 진실로 너희에게 이르노니 한 알의 밀이 땅에 떨어
져 죽지 아니하면 한 알 그대로 있고 죽으면 많은 열매를 맺느니
라"(요12:23-24)

예수님의 말씀은 심각하고도 착잡한 분위기로 계속 이어졌습니다.
주님은 자신이 져야 할 십자가를 정확하게 인식하고 계셨습니다.

"지금 내 마음이 괴로우니, 무슨 말을 하여야 할까? '아버지, 이
시간을 벗어나게 하여 주십시오' 하고 말할까? 아니다. 나는 바
로 이 일 때문에 이 때에 왔다."(새번역/요12:27)

27절의 개역개정 번역은 새번역과 달리 약간 모호한데, 그것은 헬라
어 단어 '알라'를 단순히 '그러나'로 번역했기 때문입니다. 그러나 이 단
어는 부정적 의미를 내포하고 있을 뿐 아니라 '아니다'라는 뜻을 갖고
있습니다. 그런 점에서 새번역이나 NIV 번역이 좀 더 적절해 보입니
다. 이어 기도하실 때 하늘의 음성이 들립니다. 그것을 들은 이들이 천
둥이 울었다고, 천사가 말하였다고 하지만 그것이 중요한 것이 아니었
습니다. 주님은 자신을 적극적으로 찾아온 그들을 제자로 초청하고 계
셨던 것입니다.

"사람이 나를 섬기려면 나를 따르라 나 있는 곳에 나를 섬기는 자
도 거기 있으리니 사람이 나를 섬기면 내 아버지께서 그를 귀히
여기시리라"(요12:26)

하지만 그들은 부르심에는 관심이 없었습니다. 그들은 예수님의 제
자가 되기 위해 온 자들이 아니었습니다.

* 묵상질문
여전히 주님은 사람들을 제자로 부르시고 계시지만 제자가 될 준비가 된 사람은 소수입니
다. 당신은 어떻습니까?

믿음의 차단 현상

* Lexio 읽기 / 요한복음 12:30-43
가능하면 오늘의 본문을 먼저 읽는 것이 좋지만 바로 아래 글을 읽어도 좋습니다. 충분히
본문을 이해하도록 배려하며 글을 썼습니다. 혹시 본문을 읽으신 분은 감동이 오는 말씀이
나 단어 혹은 느낌을 간단히 적으시면 좋습니다.

> "내가 땅에서 들리면 모든 사람을 내게로 이끌겠노라 하시니 이
> 렇게 말씀하심은 자기가 어떠한 죽음으로 죽을 것을 보이심이러
> 라"(요12:32-33)

자신을 찾아온 이들에게 하시던 주님의 말씀은 "내가 땅에서 들리
면", 곧 십자가의 죽음을 암시하는 데까지 이릅니다. 하지만 사람들은
그 말씀을 이해할 수 없었습니다. 그들의 머릿속에는 그리스도 곧 메
시야의 고난이나 죽음은 전혀 없었기 때문입니다. 이러한 사람들의 반
응을 보시면서 주님은 "그들을 떠나가서 숨으"(요12:36)십니다. 그들
의 믿음 없음 때문이었습니다.

> "예수께서 그렇게도 많은 기적을 사람들 앞에서 행하셨건만 그들
> 은 예수를 믿으려 하지 않았다."(공동번역/요12:37)

재미있습니다. 그 많은 기적을 보면서도 예수님을 믿으려 하지 않기
때문입니다. 왜 그런 것입니까? 요한복음은 그 대답으로 이사야 선지
자의 말씀을 인용합니다.

"그들이 능히 믿지 못한 것은 이 때문이니 곧 이사야가 다시 일렀으되 그들의 눈을 멀게 하시고 그들의 마음을 완고하게 하셨으니 이는 그들로 하여금 눈으로 보고 마음으로 깨닫고 돌이켜 내게 고침을 받지 못하게 하려 함이라 하였음이더라"(요12:39-40)

믿음의 차단 현상입니다. 예수가 그리스도임을 시인하더라도 고난을 거부하는 신앙이 될 것을 아셨기 때문에, 그들이 믿는 것은 오히려 믿음을 변질시키는 일만 될 것을 아셨기 때문입니다. 그래서 아예 차단하신 것입니다. 그럼에도 믿는 사람들이 일부 발생했습니다. 하지만 그 믿음 역시 온전할 수 없습니다. 그들은 믿음을 드러내지 않았습니다. "이는 출교를 당할까 두려워"(요12:42)했기 때문이었습니다. 요한복음은 더 정확하게 그 이유를 설명합니다.

"그들은 사람의 영광을 하나님의 영광보다 더 사랑하였더라"
(요12:43)

* 묵상질문
사람의 영광, 사람의 번영, 사람의 성공이 더 중요한 믿음, 곧 그것들을 얻기 위한 동기에서 생긴 믿음은 변질의 위험이 언제나 있다고 봐야 합니다. 그러므로 한번 돌아보십시오. 나의 믿음은 어떤 동기의 믿음인지 말입니다.

- -

- -

심판하고 싶지 않다

* Lexio 읽기 / 요한복음 12:44-47
가능하면 오늘의 본문을 먼저 읽는 것이 좋지만 바로 아래 글을 읽어도 좋습니다. 충분히 본문을 이해하도록 배려하며 글을 썼습니다. 혹시 본문을 읽으신 분은 감동이 오는 말씀이나 단어 혹은 느낌을 간단히 적으시면 좋습니다.

"예수께서 외쳐 이르시되 나를 믿는 자는 나를 믿는 것이 아니요 나를 보내신 이를 믿는 것이며 나를 보는 자는 나를 보내신 이를 보는 것이니라"(요12:44-45)

이와 비슷한 뉘앙스의 말씀을 하신 적이 있는데 니고데모와의 대화에서였습니다. 그러나 주의해서 읽어보면 다른 점을 찾을 수 있습니다.

"하나님이 그 아들을 세상에 보내신 것은 세상을 심판하려 하심이 아니요 그로 말미암아 세상이 구원을 받게 하려 하심이라 그를 믿는 자는 심판을 받지 아니하는 것이요 믿지 아니하는 자는 하나님의 독생자의 이름을 믿지 아니하므로 벌써 심판을 받은 것이니라"(요3:17-18)

차이점이 금방 보이십니까? "심판"이란 단어가 사라졌습니다. 본질적인 내용이 달라진 것은 아니지만 강조점이 달라진 것입니다. 니고데모와의 대화에서는 구원과 심판을 강조했다면 오늘 본문은 믿음과 구원을 강조한 것뿐입니다. 심지어 주님은 이렇게까지 말씀하셨습니다.

> "사람이 내 말을 듣고 지키지 아니할지라도 내가 그를 심판하지
> 아니하노라 내가 온 것은 세상을 심판하려 함이 아니요 세상을
> 구원하려 함이로라"(요12:47)

'설령 사람들이 주님의 말씀을 듣고 지키지 않더라도 심판하지 않겠다!' 정말 기막힌 말씀이십니다. 이어지는 말씀에서 알 수 있듯이 주님의 관심은 우리의 구원이기 때문입니다. 그렇다면 왜 니고데모와의 대화에서는 "심판"을 언급하신 것입니까? 그가 유대인의 선생이기 때문입니다. 책임을 언급한 것입니다. 주님의 본심은 오직 구원만 말씀하시는 것입니다. 아예 심판은 말하기도, 입에 담고 싶지도 않으셨습니다. 주님의 애틋함을 느낄 수 있는 부분입니다.

왜 주님은 심판이란 말을 입에도 담기 싫어하시는 것입니까? 주님은 진정 우리의 구원을 원하시기 때문입니다. 정말 어떻게 해볼 도리가 없는 시간, 그 정점을 지나가기 전에 우리가 구원받기를 원하시기 때문입니다. 우리를 구원하고 싶은 마음이 간절하시기 때문이라는 말 외에는 다른 언급이 불필요해 보이는 이유입니다.

---

* 묵상질문

'심판하고 싶지 않다!' 이것이 주님의 본래 마음입니다. 그렇다면 이제 우리는 어떻게 하는 것이 옳습니까?

- -

- -

오직 구원을 원하시기 때문에

* Lexio 읽기 / 요한복음 12:44-50
가능하면 오늘의 본문을 먼저 읽는 것이 좋지만 바로 아래 글을 읽어도 좋습니다. 충분히 본문을 이해하도록 배려하며 글을 썼습니다. 혹시 본문을 읽으신 분은 감동이 오는 말씀이나 단어 혹은 느낌을 간단히 적으시면 좋습니다.

> "사람이 내 말을 듣고 지키지 아니할지라도 내가 그를 심판하지
> 아니하노라"(요12:47a)

분명히 하나님은 심판할 권세를 예수님께 주셨습니다. 그러므로 주님은 심판할 권세를 갖고 계셨습니다.

> "아버지께서 아무도 심판하지 아니하시고 심판을 다 아들에게 맡
> 기셨으니"(요5:22)

그뿐만 아니라 심판할 권세가 자신에게 있다는 사실은 주님도 알고 계셨습니다.

> "예수께서 이르시되 내가 심판하러 이 세상에 왔으니 보지 못하
> 는 자들은 보게 하고 보는 자들은 맹인이 되게 하려 함이라 하시
> 니"(요9:39)

그런데 갑자기 심판할 권세를 포기하는 듯한 모습을 보이십니다. 이

러한 뉘앙스는 하나님도 마찬가지입니다. 심판을 슬그머니 주님께 맡기는 모습을 취하시기 때문입니다.

> "이런 일은, 내가 전하는 복음대로, 하나님께서 그리스도를 내세우셔서 사람들이 감추고 있는 비밀들을 심판하실 그 날에 드러날 것입니다."(새번역/롬2:16)

알다시피 하나님께서는 우리를 사랑하셔서 독생자를 주셨고, 우리를 사랑하셔서 우리가 죄인이며 심지어 원수였을 때조차도 사랑을 멈추지 않으셨습니다. 하나님의 마음은 우리를 심판함이 아니라 구원하심에 있음을 알 수 있습니다. 이제 이해될 것입니다. 우리를 심판하시고 정죄하시는 종말이 늦어지는 이유 말입니다.

> "주의 약속은 어떤 이들이 더디다고 생각하는 것 같이 더딘 것이 아니라 오직 주께서는 너희를 대하여 오래 참으사 아무도 멸망하지 아니하고 다 회개하기에 이르기를 원하시느니라"(벧후3:9)

우리를 구원하시는 것이 하나님의 목적이고 예수님이 이 땅에 오신 이유이기 때문입니다.

> "내가 온 것은 세상을 심판하려 함이 아니요 세상을 구원하려 함이로라"(요12:47b)

* 묵상질문

하나님은 우리를 심판하길 원하지 않으십니다. 우리를 구원하기 원하십니다. 이 사실만으로도 행복하지 않습니까?

극단적인 사랑

12장까지가 예수님의 공생애 3년을 다룬 부분이라면 13장에서 21장
까지는 예루살렘 입성 이후 십자가 사건과 부활까지 이야기를 다루고
있습니다. 그중에서도 13-17장에 나오는 주님의 말씀과 행적은 매우
중요합니다. 예수님께서 가장 중요하게 여기시는 핵심 내용이 들어있
기 때문입니다. 그 첫 구절입니다.

> "유월절 전에 예수께서 자기가 세상을 떠나 아버지께로 돌아가실
> 때가 이른 줄 아시고 세상에 있는 자기 사람들을 사랑하시되 끝
> 까지 사랑하시니라"(요13:1)

이 구절은 앞으로 나올 예수님의 말씀과 유언들을 한마디로 요약한
것이라 할 수 있습니다. 여기서 드러나듯이 예수님은 매우 중요한 것
들을 아셨고, 결정하셨습니다. 첫째는 당신이 하나님께로 돌아가야 할
죽음의 때를 알고 계셨습니다. 둘째는 자신과 함께했던 자기 사람들을
사랑하고 계셨습니다. 무엇보다 중요한 것은 주님이 그 사랑하는 사람
들을 끝까지 사랑하신다는 점입니다.

요한은 그 사실을 매우 강조하고 싶었던 것 같습니다. 요한은 "끝까지"라고 번역된 단어를 헬라어 '에이스 텔로스'라는 부사구로 표현하였습니다. '텔로스'에는 '마지막, 종말'이라는 의미가 있는데 개역개정은 KJV 번역을 따라서 "unto the end" 곧 "끝까지"라고 번역합니다. 하지만 NIV는 재미있게도 "the full extent of his love"라고 좀 다르게 번역하였는데, 한글로 바꾸면 '완벽하게'라고 표현할 수 있습니다. 어떤 번역이 잘 되었는지 확언할 수는 없지만 NIV가 좀 더 적절해 보입니다. 헬라어 사전을 보면 '에이스 텔로스'는 관용적인 부사구로 "finally, forever, extremely, fully"로 번역되는데, 이 구절의 문맥상 "extremely, fully"가 어울려 보입니다. 좀 거칠게 번역한다면 '세상에 있는 자기 사람들을 극단적으로 사랑하셨다'라고 할 수 있습니다.

우리는 이러한 극단적인 사랑의 대상이 "세상에 있는 자기 사람들"이라는 점에 주의해야 합니다. 인류 전체를 구속하는 우주적 구속 사건을 위해 지금 눈앞에 있는 연약한 제자들을 포기하지 않으신 것입니다. 어느 누구도 포기할 수 없기 때문입니다. 예수님에게 생명은 한 명이나 온 인류나 똑같은 무게이기 때문입니다.

* 묵상질문
'극단적으로 사랑하셨다.' 그냥 듣기만 해도 좋지 않습니까? 그렇다면 이제 우리는 어떻게 살아야 옳습니까?

극단적인 사랑의 증거

* Lexio 읽기 / 요한복음 13:1-2

가능하면 오늘의 본문을 먼저 읽는 것이 좋지만 바로 아래 글을 읽어도 좋습니다. 충분히 본문을 이해하도록 배려하며 글을 썼습니다. 혹시 본문을 읽으신 분은 감동이 오는 말씀이나 단어 혹은 느낌을 간단히 적으시면 좋습니다.

> "유월절 전에 예수께서 자기가 세상을 떠나 아버지께로 돌아가실
> 때가 이른 줄 아시고 세상에 있는 자기 사람들을 사랑하시되 끝
> 까지 사랑하시니라"(요13:1)

이제 구체적으로 주님께서 어떻게 제자들을 극단적으로 사랑하셨는지 살펴보겠습니다. 이를 위해 눈여겨볼 것이 유월절 식사입니다. 요한복음에는 다른 복음서에는 없는 기록이 있습니다. 모든 복음서가 유월절 만찬을 매우 중요하게 다루고 있지만, 요한복음은 유월절 식사 자리는 간단하게 기술하고(요13:3-4a) 대부분을 제자들의 발 씻은 이야기(요13:4b-12a)에 할애합니다. 이는 13장 1절에서 표현된 주님의 극단적인 사랑을 이해하는데 결정적인 기록이 됩니다. 요한은 주님의 발 씻기심을 극단적인 사랑의 표현으로 본 것 같습니다.

그렇다면 발 씻기는 것이 십자가의 죽음보다 더 극단적 사랑의 표현입니까? 보는 각도에 따라 다를 수도 있겠지만 명예를 아주 중요하게 여긴다면 발 씻기심은 무릎을 꿇는 것이나 그 발에 입맞춤하는 것만큼이나 굴욕적인 것으로 볼 수 있습니다. 실제로 많은 전쟁터에서 포로

로 잡힌 장수에게 무릎을 꿇고 항복하는 것보다 죽음을 택하게 하는 것은 그 장수를 존중하는 태도임을 우리는 알고 있습니다. 그리고 발 씻기심이 극단적인 사랑의 표현이었음을 유다에 대한 기록으로 또 한 번 드러냅니다.

> "마귀가 벌써 시몬의 아들 가룟 유다의 마음에 예수를 팔려는 생
> 각을 넣었더라"(요13:2)

이 같은 기록 후에 발을 씻기셨다는 기사는 중요합니다. 그 자리에 유다가 포함되었을 가능성 때문입니다. 성경 어디에도 유다가 발을 씻김 받는 것을 거절하는 모습이 기록되지 않았기 때문이고, 유월절 식사는 계속 이어지기 때문입니다. 그러므로 '유다의 발을 씻기셨다'라는 것만으로도 "끝까지" 포기하지 않으시는 주님의 극단적인 사랑을 엿볼 수 있습니다. 이 엄청난 사랑은 제자들에게 주님의 사랑을 의심하지 않는 깨달음이 되었을 것입니다. 실수하고 실패하지만 계속 주님 앞으로 다시 나오게 하는 동기가 되었을 것입니다.

* 묵상질문
주님은 우리를 위해 얼마든지 모욕과 천대를 받으십니다. 우리를 구원하기 원하시는 극단적인 사랑 때문입니다.

본을 보이시는 주님을 따라서

* Lexio 읽기 / 요한복음 13:3-5,12-20
가능하면 오늘의 본문을 먼저 읽는 것이 좋지만 바로 아래 글을 읽어도 좋습니다. 충분히
본문을 이해하도록 배려하며 글을 썼습니다. 혹시 본문을 읽으신 분은 감동이 오는 말씀이
나 단어 혹은 느낌을 간단히 적으시면 좋습니다.

> "마귀가 벌써 시몬의 아들 가룟 유다의 마음에 예수를 팔려는 생
> 각을 넣었더라"(요13:2)

우리는 끝까지 사랑하신다는 말씀(요13:1)과 유다의 배신(요13:2)의
나란한 기록으로 주님의 사랑의 극단적인 모습을 보았습니다. 그리고
이어진 제자들의 발을 씻기신 행동은 그 사랑을 정확히 확증하는 것이
었습니다.

> "저녁 잡수시던 자리에서 일어나 겉옷을 벗고 수건을 가져다가
> 허리에 두르시고 이에 대야에 물을 떠서 제자들의 발을 씻으시
> 고 그 두르신 수건으로 닦기를 시작하여"(요13:4-5)

유월절 식사와 발 씻기심, 상상할 수 없을 정도로 엄청난 예수님의
종 된 모습에 당황스러워졌습니다. 제자들이 당황했던 것처럼 말입니
다. 이러한 주님의 행동에는 극단적인 주님의 사랑의 표현과 더불어
이를 통해 말씀하시려는 바가 있었습니다. 사랑은 반드시 종 된 섬김
으로 드러나야 한다는 메시지였습니다.

166

"내가 너희에게 행한 것을 너희가 아느냐 너희가 나를 선생이라
또는 주라 하니 너희 말이 옳도다 내가 그러하다 내가 주와 또는
선생이 되어 너희 발을 씻었으니 너희도 서로 발을 씻어 주는 것
이 옳으니라 내가 너희에게 행한 것 같이 너희도 행하게 하려 하
여 본을 보였노라"(요13:12-15)

"너희도 행하게 하려 하여 본을 보였노라." 정확한 메시지입니다.
주님이 보여주신 극단적인 사랑과 섬김은 우리 역시 깨닫고 그 길을
따라오길 원하셨기 때문입니다. 이것만이 세상을 변화시키고 하나님
나라를 이루는 방법이기 때문입니다. 나중 이 놀라운 깨달음에 이른
제자들은 주님의 방법대로 사랑하고 섬기며 살다가 순교합니다. 주님
의 사랑을 받은 만큼 그들 안에 사랑이 생겼던 것입니다. 그리고 그 사
랑으로 살고 싶어졌던 것입니다. 우리가 추구할 모습입니다. 쉽지 않
습니다. 그래서 요한이 이렇게 권면한 것입니다.

"사랑하는 자들아 하나님이 이같이 우리를 사랑하셨은즉 우리도
서로 사랑하는 것이 마땅하도다"(요일4:11)

* 묵상질문
우리가 만일 주님을 따라 사랑하고 섬기고 산다면 이 세상은 모두 주님을 믿고 싶어 할 것
입니다. 그러므로 이토록 교회를 부정하는 세상의 반응은 다 우리 잘못 때문입니다.

발을 씻는 행위의 의미

* Lexio 읽기 / 요한복음 13:4–11

가능하면 오늘의 본문을 먼저 읽는 것이 좋지만 바로 아래 글을 읽어도 좋습니다. 충분히
본문을 이해하도록 배려하며 글을 썼습니다. 혹시 본문을 읽으신 분은 감동이 오는 말씀이
나 단어 혹은 느낌을 간단히 적으시면 좋습니다.

> "식탁에서 일어나 겉옷을 벗고 수건을 허리에 두르신 뒤 대야에
> 물을 떠서 제자들의 발을 차례로 씻고 허리에 두르셨던 수건으
> 로 닦아주셨다. 시몬 베드로의 차례가 되자"(공동번역/요13:4–6a)

시몬 베드로의 차례가 되었습니다. 그런데 베드로는 다른 제자들이
주님의 행동을 그냥 받아들이고 있는 것이 못마땅했던 것 같습니다.
그래서 베드로가 이렇게 묻습니다.

> "주여 주께서 내 발을 씻으시나이까"(요13:6)

유대인들에게 발을 씻는 행위는 종이 하는 것이었습니다. 그런 까닭
에 베드로는 못마땅하게 생각한 것입니다. 전혀 이해할 수 없었습니
다. 주님은 그런 베드로의 마음을 알고 계셨습니다.

> "예수께서 대답하여 이르시되 내가 하는 것을 네가 지금은 알지
> 못하나 이 후에는 알리라"(요13:7)

그러나 베드로는 단호했습니다.

"내 발을 절대로 씻지 못하시리이다"(요13:8)

우리가 흔히 범하는 실수입니다. 자기 생각에 갇혀서 주님의 뜻이 무엇인지 깊이 생각하지 않고 간과하는 것 말입니다. 사실 그 정도가 아닙니다. 그것은 주님이 보여주시려는 삶의 방법을 거절한다는 의미였습니다. 주님처럼 살지 않겠다는 뜻이었습니다. 그 순간 베드로는 더 이상 주님의 제자가 아니게 되는 것입니다. 드디어 주님이 "내가 너를 씻어 주지 아니하면 네가 나와 상관이 없느니라"(요13:8) 통첩하셨습니다. 그제야 깨달은 베드로가 화들짝 놀라서 소리칩니다.

"주여 내 발뿐 아니라 손과 머리도 씻어 주옵소서"(요13:9)

주님은 "이미 목욕한 자는 발밖에 씻을 필요가 없느니라 온 몸이 깨끗하니라"(요13:10)라고 말씀하십니다. '온 몸이 깨끗하다!' 발을 씻는 것은 상징적 행위라는 뜻입니다. '늘 주님으로 죄를 씻고 살며 동시에 사람들의 죄를 품고 살아야 한다!' 그런 뜻이었습니다.

* 묵상질문
매일 나의 죄를 회개하고 사는 삶이 중요합니다. 동시에 다른 이들의 죄를 품고 사는 것도 중요합니다. 아멘!

- -

- -

빨리 돌아서기를 연습하라

* Lexio 읽기 / 요한복음 13:21-30

가능하면 오늘의 본문을 먼저 읽는 것이 좋지만 바로 아래 글을 읽어도 좋습니다. 충분히 본문을 이해하도록 배려하며 글을 썼습니다. 혹시 본문을 읽으신 분은 감동이 오는 말씀이나 단어 혹은 느낌을 간단히 적으시면 좋습니다.

> "마귀가 벌써 시몬의 아들 가룟 유다의 마음에 예수를 팔려는 생
>
> 각을 넣었더라"(요13:2)

유다는 예수를 팔려는 마음을 먹고 있었습니다. 이미 결정을 내린 상태였습니다. 하지만 예수님은 그를 포기하지 않으신 까닭에 암시적으로 말씀하십니다.

> "내가 진실로 진실로 너희에게 이르노니 너희 중 하나가 나를 팔
>
> 리라"(요13:21)

더 나아가 자신이 떡을 한 조각 떼어 주는 자가 그 사람이라고 말씀하시며 매우 정확하게 유다를 지목하셨습니다. 예수님이 떡을 떼어 가룟 유다에게 건네셨습니다.

> "예수께서 대답하시되 내가 떡 한 조각을 적셔다 주는 자가 그니
>
> 라 하시고 곧 한 조각을 적셔서 가룟 시몬의 아들 유다에게 주시
>
> 니"(요13:26)

예수님의 배려였고 마음이었습니다. 돌아설 수 있는 기회였고 유다가 선택할 수 있는 중요한 순간이었습니다. 수없이 반복한 예수님의 말씀과 행동, 다른 제자들은 알지 못했겠지만 유다는 알고 있었을 것입니다. 그러므로 떡을 건네받은 그 순간은 주님의 도움을 구할 수 있는 순간이었습니다. 하지만 유다는 그 떡을 받았을 뿐입니다. 그것이 전부였습니다. 그의 마음은 바뀌지 않은 채로 말입니다. 그것을 요한복음은 이렇게 기록했습니다.

"조각을 받은 후 곧 사탄이 그 속에 들어간지라"(요13:27a)

주님은 여전히 포기하지 않으셨습니다. 이어지는 주님의 말씀이 그것을 말합니다.

"이에 예수께서 유다에게 이르시되 네가 하는 일을 속히 하라 하
시니"(요13:27b)

하지만 이미 유다의 마음은 굳어져 있었습니다. 비록 그 떡을 받은 채로 밖으로 나갔지만 돌아서지 못하였습니다. 아픈 이야기입니다.

* 묵상질문
언제나 빨리 돌아서는 연습을 해야 합니다. 말씀과 기도로 주님이 깨달음을 주실 때마다 돌아서야 합니다. 머뭇거려서는 안 됩니다. 사단이 우리 안에 들어와 완전히 장악하기 전에 그때마다 돌아서야 합니다. 잊지 마십시오.

제 8 부

믿어지는 믿음의 기적

새 계명

* Lexio 읽기 / 요한복음 13:31-35
가능하면 오늘의 본문을 먼저 읽는 것이 좋지만 바로 아래 글을 읽어도 좋습니다. 충분히
본문을 이해하도록 배려하며 글을 썼습니다. 혹시 본문을 읽으신 분은 감동이 오는 말씀이
나 단어 혹은 느낌을 간단히 적으시면 좋습니다.

가룟 유다가 나간 후 예수님은 새 계명에 대한 말씀을 하셨습니다.

"새 계명을 너희에게 주노니 서로 사랑하라 내가 너희를 사랑한
것 같이 너희도 서로 사랑하라"(요13:34)

그런데 약간 이상합니다. 구약, 소위 옛 계명에도 분명히 같은 내용
이 있기 때문입니다.

"원수를 갚지 말며 동포를 원망하지 말며 네 이웃 사랑하기를 네
자신과 같이 사랑하라 나는 여호와이니라"(레19:18)

흥미롭게도 요한일서 역시 옛 계명과 새 계명이 다른 것이 아니라고
말합니다.

"사랑하는 자들아 내가 새 계명을 너희에게 쓰는 것이 아니라 너
희가 처음부터 가진 옛 계명이니 이 옛 계명은 너희가 들은 바
말씀이거니와"(요일2:7)

'다르지 않다.' 그런데 또 다르다고 말합니다. 그래서 새 계명이라는 것입니다.

> "그러나 내가 여러분에게 써 보내는 것은 사실은 새 계명입니다."
> (공동번역/요일2:8a)

분명히 옛 계명과 새 계명은 같은 내용입니다. 그렇다면 주님은 왜 이 말씀을 하신 것입니까? 무엇이 다른 것입니까? 요한은 그 차이를 그리스도의 구속을 경험한 이들에게 계명은 온전히 사랑으로 나타나는 것이라고 설명합니다.

> "어둠이 지나가고 참 빛이 이미 비치고 있기 때문입니다. 그 계명
> 이 참되다는 것은 그리스도에게서 나타났고 또 그대들의 경험으
> 로도 알 수 있습니다."(공동번역/요일2:8b)

새 계명은 그리스도의 사랑의 빛을 받은 경험을 가진 자들의 자발적 행위인 것입니다. 마치 자신을 위해 예수님께서 저주받아 죽었다는 사실을 안 후 바울이 살아도 주를 위하여 죽어도 주를 위하여 죽겠다고 한 고백적 사랑의 개념과 그런 경험이 없이 노력하는 사랑을 구분한 것입니다.

* 묵상질문

나의 사랑과 행동은 하나님의 사랑을 경험하고 나온 것입니까? 아니면 나의 노력과 의지 입니까?

새 계명의 새로운 해석

* Lexio 읽기 / 요한복음 13:36-38
가능하면 오늘의 본문을 먼저 읽는 것이 좋지만 바로 아래 글을 읽어도 좋습니다. 충분히
본문을 이해하도록 배려하며 글을 썼습니다. 혹시 본문을 읽으신 분은 감동이 오는 말씀이
나 단어 혹은 느낌을 간단히 적으시면 좋습니다.

> "새 계명을 너희에게 주노니 서로 사랑하라 내가 너희를 사랑한
> 것 같이 너희도 서로 사랑하라"(요13:34)

주님께서 새 계명을 주셨지만 베드로는 그것보다 주님의 다른 말씀
이 마음에 걸린 듯합니다.

> "나의 사랑하는 제자들아, 내가 너희와 같이 있는 것도 이제 잠시
> 뿐이다. 내가 가면 너희는 나를 찾아다닐 것이다. 일찍이 유다인
> 들에게 말한 대로 이제 너희에게도 말하거니와 내가 가는 곳에
> 너희는 올 수 없다."(공동번역/요13:33)

주님의 말씀에 베드로는 심각해집니다. 베드로는 주님이 가는 곳이
라면 어디든지 가고 싶었습니다. 그래서 자신도 따라가겠다고 말했습
니다. 하지만 주님은 따를 수 없을 것이라고 대답하셨는데, 그 얘기가
조금은 서운했을지도 모릅니다.

> "베드로가 이르되 주여 내가 지금은 어찌하여 따라갈 수 없나이

까 주를 위하여 내 목숨을 버리겠나이다"(요13:37)

주님은 알고 계셨습니다. 한낱 다짐에 불과하다는 것을 말입니다. 실제로 나중에 베드로는 예수님을 저주하면서까지 부인했습니다. 더욱이 베드로가 저주하며 부인할 때 예수님과 눈이 마주치기까지 했습니다. 주님의 말씀대로였습니다. 그때 베드로는 그 비참함에 목숨을 끊었을지도 모릅니다. 하지만 베드로는 죽지 않았습니다. 만일 오늘 본문의 예수님 말씀이 조롱 혹은 비난하는 투였다면 베드로는 죽었을지도 모릅니다.

> "그 때에 주께서 몸을 돌려 베드로를 똑바로 바라보셨다. 그제서
> 야 베드로는 '오늘 닭이 울기 전에 나를 세 번 모른다고 할 것이
> 다.' 하신 주님의 말씀이 떠올라 밖으로 나가 슬피 울었다."
>
> (공동번역/눅22:61-62)

비록 밖으로 나가 우는 것 외에 다른 것은 할 수 없었지만 그는 주님의 또 다른 예언에 희망을 품었습니다. 바로 새 계명과 이어진 말씀입니다. 다 알지만 여전히 사랑하고 계신 것 말입니다.

> "네가 지금은 따라올 수 없으나 후에는 따라오리라"(요13:36)

* 묵상질문

주님은 저주와 부인, 모든 것을 알고 계셨습니다. 그 상태에서 사랑하신 것입니다. 새 계명의 의미입니다.

열린 체계로 살다

* Lexio 읽기 / 요한복음 14:1-6
가능하면 오늘의 본문을 먼저 읽는 것이 좋지만 바로 아래 글을 읽어도 좋습니다. 충분히 본문을 이해하도록 배려하며 글을 썼습니다. 혹시 본문을 읽으신 분은 감동이 오는 말씀이나 단어 혹은 느낌을 간단히 적으시면 좋습니다.

"내가 진실로 진실로 네게 이르노니 닭 울기 전에 네가 세 번 나를 부인하리라"(요13:38)

가룟 유다의 이상한 행동과 예수님의 반응, 베드로가 부인할 것에 대한 예수님의 예언은 제자들을 근심하게 만들었습니다. 정말 그럴지도 모른다는 생각이 들었던 것으로 보입니다. 그때 주님이 위로의 말씀을 꺼내셨습니다.

"너희는 마음에 근심하지 말라 하나님을 믿으니 또 나를 믿으라"
(요14:1)

이어 주님은 하늘의 집을 얘기하고 그곳으로 제자들을 인도할 것을 말씀하셨습니다. 게다가 제자들도 그 길을 알고 있다고 말씀하셨습니다.

"내가 어디로 가는지 그 길을 너희가 아느니라"(요14:4)

예수님의 말씀에 도마가 기막히다는 반응을 보였습니다.

> "도마가 이르되 주여 주께서 어디로 가시는지 우리가 알지 못하
> 거늘 그 길을 어찌 알겠사옵나이까"(요14:5)

그들은 분간하지 못하고 있었던 것입니다. 그런 그들에게 주님께서 매우 놀라운 말씀을 하셨습니다. 주님 자신이 길이라는 말씀이었습니다.

> "예수께서 이르시되 내가 곧 길이요 진리요 생명이니 나로 말미
> 암지 않고는 아버지께로 올 자가 없느니라"(요14:6)

프란시스 쉐퍼는 닫힌 체계(Closed system)와 열린 체계(Open system) 개념을 이야기하였는데, 소위 우리가 살고 있는 세계는 닫힌 체계의 세계입니다. 그런데 '주님이 길'이라는 말은 '닫힌 체계 속의 열린 체계'라는 뜻입니다. 주님에게는 닫히거나 막힌 것이 없는 이유입니다. 주님이 행하셨던 초자연적인 행위들과 기적들은 열린 체계 현상이었던 것입니다. 우리가 믿는 것은 바로 '그 길' 되신 예수입니다. 그 순간 우리 역시 닫힌 체계인 세상에 살지만 새롭게 열린 체계의 삶을 살게 되는 것입니다.

* 묵상질문
우리가 주님 안에 거할 때 열린 체계로 살 수 있습니다. 주님이 바로 '그 길'이시기 때문입니다.

예수님의 이름으로

* Lexio 읽기 / 요한복음 14:12-14
가능하면 오늘의 본문을 먼저 읽는 것이 좋지만 바로 아래 글을 읽어도 좋습니다. 충분히 본문을 이해하도록 배려하며 글을 썼습니다. 혹시 본문을 읽으신 분은 감동이 오는 말씀이나 단어 혹은 느낌을 간단히 적으시면 좋습니다.

"예수께서 이르시되 내가 곧 길이요 진리요 생명이니 나로 말미암지 않고는 아버지께로 올 자가 없느니라"(요14:6)

주님이 '그 길'이신 까닭에 모든 것은 열린 체계로 바뀝니다. 불가능은 사라지고 기적이 시작됩니다. 그래서 주님은 이 엄청난 말씀을 하셨습니다.

"내가 진실로 진실로 너희에게 이르노니 나를 믿는 자는 내가 하는 일을 그도 할 것이요 또한 그보다 큰 일도 하리니"(요14:12)

무슨 말입니까? 주님을 믿으면 어떤 것도 막힘없이 열린다는 뜻입니다. 주님은 모든 막힌 것을 허물고 닫힌 것을 열어놓으시는 '그 길'이시기 때문입니다. 그토록 오랫동안 사람들이 찾아 헤맸던 진리이며, 죽음을 넘어서는 생명이시기 때문입니다.

그러므로 이제 문제는 우리의 믿음입니다. 온전히 믿지 못하는 것이 문제일 뿐입니다. 그것은 오랜 시간 동안 경험과 이성 중심의 세상에서 살았기 때문이고, 그 세계관에 길들여져 있기 때문입니다. 그래서 주님은 우리에게 손에 잡히는 방법을 가르쳐 주셨습니다. 바로 '예수의 이름으로'입니다. 기도하면서도 과연 이루어질지 의심하는 우리들에게 주신 처방이었습니다.

"내 이름으로 무엇이든지 내게 구하면 내가 행하리라"(요14:14)

이제 남은 것은 '예수님의 이름으로' 구하는 믿음의 함량 문제입니다. 귀신들린 아이의 아버지가 예수님께 찾아와 "무엇을 하실 수 있거든"(막9:22) 도와달라고 간청했을 때 주님은 "무슨 말이냐 믿는 자에게는 능히 하지 못할 일이 없느니라"(막9:23) 대답하셨습니다. 아이의 아버지는 이것이 믿음의 문제임을 알아차립니다. 그래서 이렇게 외칩니다.

"곧 그 아이의 아버지가 소리를 질러 이르되 내가 믿나이다 나의 믿음 없는 것을 도와 주소서 하더라"(막9:24)

* 묵상질문
믿음의 문제입니다. 우리도 아버지처럼 외칠 필요가 있습니다. '주여, 내가 믿습니다. 믿음 없는 나를 도와주옵소서.'

믿어지는 믿음의 기적

* Lexio 읽기 / 요한복음 14:7-11

가능하면 오늘의 본문을 먼저 읽는 것이 좋지만 바로 아래 글을 읽어도 좋습니다. 충분히 본문을 이해하도록 배려하며 글을 썼습니다. 혹시 본문을 읽으신 분은 감동이 오는 말씀이나 단어 혹은 느낌을 간단히 적으시면 좋습니다.

"내 이름으로 무엇이든지 내게 구하면 내가 행하리라"(요14:14)

이 놀라운 사실은 한 가지 문제, 곧 믿음의 문제에 걸려 있는데 그것은 또 예수님과 하나님과의 관계에 대한 확신과 관련되어 있습니다. 주님이 "나를 알았더라면 내 아버지도 알았으리로다"(요14:7)라고 말씀하신 이유입니다. 그래서 빌립도 "주여 아버지를 우리에게 보여 주옵소서"(요14:8)라고 요청한 것입니다. 하지만 주님은 약간 책망하듯 앞의 말씀을 거의 되풀이하며 말씀하셨습니다.

"빌립아 내가 이렇게 오래 너희와 함께 있으되 네가 나를 알지 못하느냐 나를 본 자는 아버지를 보았거늘 어찌하여 아버지를 보이라 하느냐"(요14:9)

제자들이 그동안 예수님과 함께 지내며 예수님에게서 드러난 것을 보았다면 '나를 본 자는 아버지를 본 자'라는 말씀을 이해할 만도 분명한데 제자들은 여전히 이상한 말을 하는 것입니다. 그들의 세상적 틀로 인하여 주님을 심정적으로 받아들이지 못하고 있었던 것입니다. 그

때 주님이 놀라운 말씀을 하셨습니다.

> "내가 아버지 안에 거하고 아버지는 내 안에 계신 것을 네가 믿지
> 아니하느냐"(요14:10a)

'제자들이 알고 있다!' 자신들은 모른다고 말하는데 주님은 알고 있다고 말씀하십니다. 그러면서 주님이 해법을 꺼내셨는데, 믿을 수 있는 것 곧 주님이 하신 일을 믿으라고 하신 것입니다. 그동안 행하신 기적이 우리 믿음을 위한 주님의 놀라운 배려라는 뜻이기도 했습니다.

> "내가 아버지 안에 거하고 아버지께서 내 안에 계심을 믿으라 그
> 렇지 못하겠거든 행하는 그 일로 말미암아 나를 믿으라"(요14:11)

그래서 주님이 도마에게 다음과 같이 말씀하신 것입니다. 오늘의 말씀 덕에 다시금 깨닫게 되는 주님의 말씀입니다.

> "너는 나를 본 고로 믿느냐 보지 못하고 믿는 자들은 복되도다"
> (요20:29)

* **묵상질문**
우리가 믿는다는 것은 축복이며 기적입니다. 아멘.

우리는 가벼운 존재가 아니다

* Lexio 읽기 / 요한복음 14:15-24
가능하면 오늘의 본문을 먼저 읽는 것이 좋지만 바로 아래 글을 읽어도 좋습니다. 충분히 본문을 이해하도록 배려하며 글을 썼습니다. 혹시 본문을 읽으신 분은 감동이 오는 말씀이나 단어 혹은 느낌을 간단히 적으시면 좋습니다.

"나를 본 자는 아버지를 보았거늘 어찌하여 아버지를 보이라 하느냐"(요14:9)

'나를 본 자는 아버지를 보았다.' 주님이 하고 싶은 말은 예수 그리스도와 하나님이 하나라는 것이었습니다.

"내가 아버지 안에 거하고 아버지께서 내 안에 계심을 믿으라"
(요14:11)

12-14절은 예수님을 믿는 자들에게 생기는 놀라운 기적들입니다. 심지어 주님은 "내가 하는 일을 그도 할 것이요 또한 그보다 큰 일도 하리"(요14:12)라고 말씀하십니다. 그것은 하나님과 예수 그리스도 그리고 우리가 연합할 때 벌어지는 현상이었습니다.

"그 날에는 내가 아버지 안에, 너희가 내 안에, 내가 너희 안에 있는 것을 너희가 알리라"(요14:20)

이 같은 연합과 일치는 성령 안에서 이뤄지는 것이었습니다. 지금 주님을 보는 것처럼 성령을 통해 주님을 경험하기 때문이라는 것입니다

> "내가 아버지께 구하겠으니 그가 또 다른 보혜사를 너희에게 주
> 사 영원토록 너희와 함께 있게 하리니... 조금 있으면 세상은 다
> 시 나를 보지 못할 것이로되 너희는 나를 보리니 이는 내가 살아
> 있고 너희도 살아 있겠음이라"(요14:16,19)

성령 안에서 하나님과 그리스도, 우리가 일치되면 우리 역시 신적인 존재로 예수 그리스도의 일을 하고 그보다 더 "큰 일"을 할 수 있습니다. 실제로 우리는 기독교 역사에서 엄청난 능력의 크리스천들을 보았습니다. 하지만 언제부터인가 예수님을 믿는 것이 평범한 삶보다 못하거나, 고작 이 세상에서 세속적 복과 성공을 누리는 정도로 설명되는 상황을 만났지만 우리는 그와 같이 가벼운 존재가 아니라는 사실을 잊어서는 안 됩니다.

* 묵상질문
우리 존재의 가벼움은 주님을 깊이 사랑하지 않는 것과 관계있음을 잊지 마십시오. 그러므로 14장 21절을 다시 한번 읽고 깊이 생각해 보십시오.

성령의 신비

* Lexio 읽기 / 요한복음 14:25-31
가능하면 오늘의 본문을 먼저 읽는 것이 좋지만 바로 아래 글을 읽어도 좋습니다. 충분히
본문을 이해하도록 배려하며 글을 썼습니다. 혹시 본문을 읽으신 분은 감동이 오는 말씀이
나 단어 혹은 느낌을 간단히 적으시면 좋습니다.

> "그 날에는 내가 아버지 안에, 너희가 내 안에, 내가 너희 안에 있
> 는 것을 너희가 알리라"(요14:20)

하나님은 초월적인 존재이십니다. 그 초월적인 하나님이 역사 속에
자신을 계시하신 것이 인간 예수입니다. 그러므로 예수는 역사 속에서
초월적인 하나님의 일을 하신 것입니다. 그리고 모든 역사를 넘어 모
든 시대에 실존적으로 계시하는 분이 성령입니다. 성령은 예수를 계시
하는 것입니다.

> "보혜사 곧 아버지께서 내 이름으로 보내실 성령 그가 너희에게
> 모든 것을 가르치고 내가 너희에게 말한 모든 것을 생각나게 하
> 리라"(요14:26)

그래서 우리에게 성령이 오시면 예수님을 경험하고 하나님을 경험
합니다. 이런 이유로 예수님은 당신을 굳이 성령님과 구분하지 않으셨
습니다. 그래서 예수님이 하늘나라로 가시지만 다시 오신다는 말씀을
하신 것입니다.

"내가 너희를 고아와 같이 버려두지 아니하고 너희에게로 오리라
조금 있으면 세상은 다시 나를 보지 못할 것이로되 너희는 나를
보리니 이는 내가 살아 있고 너희도 살아 있겠음이라"(요14:18~19)

그뿐만 아니라 성령의 일을 자신이 직접 하시는 것처럼 말씀하십니다.

"평안을 너희에게 끼치노니 곧 나의 평안을 너희에게 주노라 내
가 너희에게 주는 것은 세상이 주는 것과 같지 아니하니라 너희
는 마음에 근심하지도 말고 두려워하지도 말라"(요14:27)

성령은 예수님의 일과 초월적인 하나님의 일을 합니다. 이는 매우
신비로운 일이며, 우리의 의지와 힘이 아닌 성령 역사의 비밀입니다.
그러므로 이 같은 경험을 할 때마다 우리의 믿음은 온전해져 갑니다.
주님은 우리가 그렇게 될 것이라고 슬쩍 말씀하십니다.

"내가 지금 이 일을 미리 알려주는 것은 그 일이 일어날 때 너희
로 하여금 믿게 하려는 것이다."(공동번역/요14:29)

* 묵상질문
우리가 예수님을 믿고 경험하는 것은 성령의 역사입니다. 이 신비를 잊지 마십시오.

핵심은 거하는 것이다

* Lexio 읽기 / 요한복음 15:1-7

가능하면 오늘의 본문을 먼저 읽는 것이 좋지만 바로 아래 글을 읽어도 좋습니다. 충분히 본문을 이해하도록 배려하며 글을 썼습니다. 혹시 본문을 읽으신 분은 감동이 오는 말씀이나 단어 혹은 느낌을 간단히 적으시면 좋습니다.

> "내가 진실로 진실로 너희에게 이르노니 나를 믿는 자는 내가 하
> 는 일을 그도 할 것이요 또한 그보다 큰 일도 하리니... 내 이름
> 으로 무엇이든지 내게 구하면 내가 행하리라"(요14:12,14)

제자들은 이 말씀을 온전히 믿지 못했기에 주님은 성령의 역할을 말씀하셨고 그날에 그 일이 이뤄질 것을 설명하셨습니다. 그럼에도 여전히 물음을 던지고 있을 제자들에게 포도나무와 가지 비유를 주셨습니다. 풀리지 않는 말씀의 해답이었습니다.

> "너희가 내 안에 거하고 내 말이 너희 안에 거하면 무엇이든지 원
> 하는 대로 구하라 그리하면 이루리라"(요15:7)

제자들이 추구해야 할 핵심은 '거하는 것', 곧 포도나무에 붙어있는 것이었습니다. 붙어있기만 하면 열매를 많이 맺을 수 있습니다. 심하게 말하면 '아무것도 하지 않아도 거하기만 하면 열매는 맺힌다'라는 뜻입니다. 하지만 정말 아무것도 하지 않아도 된다는 의미가 아닙니다. 가지가 나무에 온전히 붙어있을 때 가지는 나무의 일부분이 된 것

이기에 더 이상 자기 멋대로 행동하지 않고 나무처럼 행동합니다. 가지의 생각은 나무의 생각이고 나무의 생각은 가지의 생각이 됩니다. 이처럼 내 마음대로 움직이더라도 하나님의 내재가 이루어진 상태라면 내 마음대로지만 그것은 하나님의 뜻이 이뤄진 상태인 것입니다. 하나님의 뜻이 무엇인지를 구하지 않아도 나의 모든 행동은 하나님의 뜻이 이루어진 행동이 되는 것입니다.

가지에게 가장 중요한 것은 언제나 나무에서 떠나지 않고 머물러 있는 것입니다. 붙어있는 것입니다. 그렇다면 이제 분명해지는 것이 있습니다. 우리에게 열매가 없는 이유, 능력이 없는 이유입니다. 당연히 주님 안에 온전히 거하는 삶을 살고 있지 않기 때문입니다.

> "나는 포도나무요 너희는 가지라 그가 내 안에, 내가 그 안에 거하면 사람이 열매를 많이 맺나니 나를 떠나서는 너희가 아무 것도 할 수 없음이라"(요15:5)

신앙의 핵심은 주님 안에 거하는 것입니다. 그것이 모든 것입니다. 진실로 그렇습니다.

* 묵상질문
주님에게서 떨어지지 마십시오. 들락날락하는 신앙이 아니라 단단하게 붙어있는 믿음을 추구하셔야 합니다.

거하는 것, 아는 것, 열매 맺는 것

* Lexio 읽기 / 요한복음 15:7-8
가능하면 오늘의 본문을 먼저 읽는 것이 좋지만 바로 아래 글을 읽어도 좋습니다. 충분히 본문을 이해하도록 배려하며 글을 썼습니다. 혹시 본문을 읽으신 분은 감동이 오는 말씀이나 단어 혹은 느낌을 간단히 적으시면 좋습니다.

> "너희가 내 안에 거하고 내 말이 너희 안에 거하면 무엇이든지 원하는 대로 구하라 그리하면 이루리라"(요15:7)

매우 매력적인 이 말씀의 전제는 주님과 하나가 되어 나의 생각이 이미 그분의 생각과 동일해졌음에 있습니다. 우리가 주님과 온전히 하나가 되었을 때 드러나는 결과물이 열매이고, 그 열매는 하나님께 영광이 됩니다. 열매는 우리가 주님 안에 온전히 거하여있는지를 가늠하는 기준입니다.

> "너희가 열매를 많이 맺으면 내 아버지께서 영광을 받으실 것이요 너희는 내 제자가 되리라"(요15:8)

우리에게 필요한 것은 열매 맺기에 힘쓰는 것이 아닙니다. 그 어느 것보다 먼저 예수님 안에 거하고 예수님 알기를 힘쓰는 것입니다. 베드로는 "부르신 이를 앎으로"(벧후1:3) 벌어지는 현상을 "신의 성품에 참예하는 자"(개역한글/벧후1:4)라고 표현하였습니다. 그렇다면 어떻게 해야 주님을 알고 그분 안에 온전히 거할 수 있습니까? 베드로의 얘기를 읽어보면 그 방법이 보입니다.

> "그러므로 여러분은 더욱 힘써 믿음에 덕을, 덕에 지식을, 지식에 절제를, 절제에 인내를, 인내에 경건을, 경건에 형제 우애를, 형제 우애에 사랑을 공급하십시오. 이런 것들이 여러분에게 있고 또 풍성하면 여러분은 우리 주 예수 그리스도를 알기에 게으르거나 열매 없는 사람들이 되지 않을 것입니다."(우리말성경/벧후1:5-8)

먼저 베드로가 예수님을 아는 것과 열매 맺는 것을 같이 설명하는데에 주목해야 합니다. 열매를 맺기 위한 첫 번째는 예수 그리스도를 아는 것입니다. 여기서 '아는 것'으로 사용된 헬라어 '에피그노시스'는 '완전히 아는 것'(to know thoroughly)을 의미합니다. 그리고 "더욱 힘써 믿음에"로 이어지는 문장을 찬찬히 읽어보면 알 수 있듯이 우리의 의지와 행동이 필요합니다.

이제 자신에게 물어봅시다. '더욱, 힘써, 믿음, 덕, 지식, 절제, 인내, 경건, 형제 우애, 사랑.' 우리가 주님을 알기 위해 필요한 것들입니다. 어떻습니까? 나의 상태 말입니다.

* 묵상질문
이 같은 것들이 내 안에 있습니까? 이를 위해 얼마나 추구하고 있습니까?

예수의 친구라는 증거

* Lexio 읽기 / 요한복음 15:9-14

가능하면 오늘의 본문을 먼저 읽는 것이 좋지만 바로 아래 글을 읽어도 좋습니다. 충분히 본문을 이해하도록 배려하며 글을 썼습니다. 혹시 본문을 읽으신 분은 감동이 오는 말씀이나 단어 혹은 느낌을 간단히 적으시면 좋습니다.

> "너희가 내 안에 거하고 내 말이 너희 안에 거하면 무엇이든지 원하는 대로 구하라 그리하면 이루리라"(요15:7)

사실 우리의 주된 관심은 능력이지만, 하나님이 주시는 그 능력은 나를 위한 것이 아니라 언제나 타인과 공동체를 위한 것임을 잊지 말아야 합니다. 주님은 자신을 위해 능력을 사용하지 않으셨고 친구인 우리들을 위하여 죽으셨습니다. 주님의 능력은 사랑에 의해 통제된 것입니다. 그런 의미에서 사랑은 완벽한 능력입니다. 주님이 희생하신 이유입니다.

> "사람이 친구를 위하여 자기 목숨을 버리면 이보다 더 큰 사랑이 없나니"(요15:13)

십자가 죽음의 동기가 사랑인 까닭에 주님은 죽음마저도 기뻐하셨습니다. 사랑할 수 있어 기쁘셨던 것입니다. 그것이 완벽한 능력입니다. 비록 무력해 보였지만 우리를 위해 죽는 것이니까 너무 즐거워하셨고 기뻐하셨습니다. 주님께서 본문 말씀을 하신 이유는 그 놀라운 기쁨을 나눠주고 싶으셨기 때문이었습니다.

> "내가 이 말을 한 것은 내 기쁨을 같이 나누어 너희 마음에 기쁨
> 이 넘치게 하려는 것이다."(공동번역/요15:11)

주님은 이 기쁨에 참여하기 위해 우리 역시 사랑할 것을 요청하셨습니다. 사랑하는 자만이 그 안에 기쁨이 생기기 때문입니다. 그래서 주님이 사랑을 계명으로 말씀하신 것입니다.

> "내가 너희를 사랑한 것처럼 너희도 서로 사랑하여라. 이것이 나
> 의 계명이다."(공동번역/요15:12)

'사랑, 능력, 기쁨.' 이 셋의 관계가 보이십니까? 먼저 계명을 좇아 사랑해야 합니다. 사랑하면 우리 안에 주님이 기쁨을 넣어주십니다. 그 기쁨에서 나오는 능력은 사람을 살리는 능력이 될 것입니다. 그렇게 나를 버리고 사람을 살리는 존재가 되는 모습이 우리가 주님의 친구라는 증거라고 말씀하신 것입니다.

> "너희는 내가 명하는 대로 행하면 곧 나의 친구라"(요15:14)

* 묵상질문
나의 사역은 어떻습니까? 사랑, 능력, 기쁨이 그 안에 있습니까? 이것들이 사역을 이끌어 가고 있습니까?

내게 능력 주시는 분

* Lexio 읽기 / 요한복음 15:15-18
가능하면 오늘의 본문을 먼저 읽는 것이 좋지만 바로 아래 글을 읽어도 좋습니다. 충분히 본문을 이해하도록 배려하며 글을 썼습니다. 혹시 본문을 읽으신 분은 감동이 오는 말씀이나 단어 혹은 느낌을 간단히 적으시면 좋습니다.

"너희는 내가 명하는 대로 행하면 곧 나의 친구라"(요15:14)

정말로 주님을 사랑하는 사람, 그 사람이 크리스천입니다. 주님을 사랑하는 사람의 기도 제목은 매우 단순합니다. '주님의 나라와 의를 구하는 것'이고, 예수님의 말씀을 인용하자면 '친구 되신 주님을 위해 죽는 것'을 구하는 것입니다. 다른 목적은 중요하지 않습니다. 주님의 사랑을 경험했기 때문입니다. 세상 어떤 것으로도 대체할 수 없는 주님을 알았기 때문입니다. 그래서 초대교회 주님의 제자들은 주를 위해 고통받을 수 있다는 것이 즐거웠고 자랑스러웠습니다.

"사도들은 예수님을 위해 모욕당할 만큼 가치 있는 자로 여김을
받게 된 것을 기뻐하며 의회에서 나왔다."(현대인의성경/행5:41)

고통을 겪으며 기뻐하는 제자들을 향하여 주님이 뭐라고 하시는지 아십니까? 주님은 그들의 고통을 방관하지 않으시고 단호하게 말씀하십니다.

"세상이 너희를 미워하거든 너희보다도 나를 먼저 미워했다는 것
을 알아두어라."(공동번역/요15:18)

제자들을, 우리를 미워하는 자는 누구든지 예수님 자신에게 한 것으
로 간주하여 처리하시겠다는 뜻입니다. 한술 더 떠서 자신을 미워하는
것은 하나님을 미워하는 것으로 규정하셨습니다. 그 말인즉슨 우리를
미워하는 것은 하나님을 미워하는 것과 똑같다는 것입니다.

"나를 미워하는 자는 또 내 아버지를 미워하느니라"(요15:23)

그래서 제자들과 초대교회 사람들 그리고 지금까지 주님을 믿는 수
많은 이들이 용감했던 것입니다. 주님이 함께하고 계심을 충분히 넉넉
하게 경험하였기 때문입니다. 그래서 바울은 주님을 "내게 능력 주시
는 자"(빌4:13)라고 고백한 것입니다.

* 묵상질문
분명히 주님은 우리에게도 능력을 주십니다. 능히 이길 수 있게 하실 것입니다. 이것이 기
독교의 비밀입니다.

- -

- -

세상이 미워할지라도

* Lexio 읽기 / 요한복음 15:18-27
가능하면 오늘의 본문을 먼저 읽는 것이 좋지만 바로 아래 글을 읽어도 좋습니다. 충분히
본문을 이해하도록 배려하며 글을 썼습니다. 혹시 본문을 읽으신 분은 감동이 오는 말씀이
나 단어 혹은 느낌을 간단히 적으시면 좋습니다.

> "세상이 너희를 미워하거든 너희보다도 나를 먼저 미워했다는 것
>
> 을 알아두어라."(공동번역/요15:18)

'세상이 미워한다!' 주님은 그것이 예수님 자신을 미워하는 것과 동
일하다고 말씀하시면서 동시에 당연한 일이라고 언급합니다. 그것은
우리가 세상에 속하지 않음을 드러내는 일이기 때문입니다.

> "너희가 만일 세상에 속한 사람이라면 세상은 너희를 한집안 식
>
> 구로 여겨 사랑할 것이다. 그러나 너희는 세상에 속하지 않았을
>
> 뿐더러 오히려 내가 세상에서 가려낸 사람들이기 때문에 세상이
>
> 너희를 미워하는 것이다."(공동번역/요15:19)

그것은 우리가 세상의 가치를 좇지 않고 세상과 다른 방식으로 사는
것이기 때문입니다. 가만히 생각해 보면 그렇습니다. 우리가 바르게
하나님 편에서 살면 분명 세상의 미움과 눈총을 받는 일이 생깁니다.
무게를 속이며 물건을 팔지 않고 부당한 방법으로 급한 이익을 얻으려
하지 않으며 불의에 대하여 눈 감지 않고 쾌락과 음란을 즐기거나 동

조하지 않으며 악담과 저주를 부정하고 정직과 성실을 음식으로 삼기 때문입니다. 어떤 이들에게는 그것이 답답하게 보일 것입니다. 불의하고 더럽고 위선을 행하는 자들이 많아질수록 우리를 향한 미움은 늘어나며 깊어질 것입니다. 이는 주님이 이미 당하신 것이고 예언된 말씀이라고 하셨습니다.

> "이리하여 그들의 율법서에 '그들은 까닭없이 나를 미워하였다.'
> 고 기록되어 있는 말씀이 이루어졌다."(공동번역/요15:25)

예상하셔야 합니다. 우리가 주님의 뜻을 따라 바르게 살면 불의한 편에 있는 사람들은 우리를 미워할 것입니다. 미리 마음을 준비하십시오. 그래서 선택의 순간에 미움받지 않기 위한 세상의 방법을 택하지 마십시오. 힘들지만 말입니다. 오히려 세상이 미워할수록 더욱 분명하게 주님을 좇아 살아야 합니다. 그것이 주님과 함께 있는 자들의 당연한 증거이기 때문입니다.

> "너희도 처음부터 나와 함께 있었으니 나를 증거해야 한다."
> (현대인의성경/요15:27)

* **묵상질문**

세상이 미워하는 것을 두려워할 필요 없습니다. 주님의 제자로 살기로 했다면 말입니다. 오히려 기뻐하십시오.

제 9 부

제자들을 위한 기도

자격은 있다고 생각하는가?

* Lexio 읽기 / 요한복음 16:1-4

가능하면 오늘의 본문을 먼저 읽는 것이 좋지만 바로 아래 글을 읽어도 좋습니다. 충분히 본문을 이해하도록 배려하며 글을 썼습니다. 혹시 본문을 읽으신 분은 감동이 오는 말씀이나 단어 혹은 느낌을 간단히 적으시면 좋습니다.

> "너희는 세상에 속한 자가 아니요 도리어 내가 너희를 세상에서
> 택하였기 때문에 세상이 너희를 미워하느니라"(요15:19)

세상에 속한 삶의 방법을 택하지 않을 때 세상이 미워할 것이라고 주님이 미리 알려주신 것은 "너희로 실족하지 않게 하려"(요16:1) 하심입니다. 주님은 구체적으로 제자들에게 닥칠 위험한 상황, 곧 공동체에서 출교 당하고 심지어 살해의 위협까지 말씀하셨습니다. 더 놀라운 것은 그 같은 위험이 하나님을 믿는 자들에 의해서 이루어진다는 것이었습니다.

> "사람들은 너희를 회당에서 쫓아낼 것이다. 그리고 너희를 죽이
> 는 사람들이 그런 짓을 하고도 그것이 오히려 하나님을 섬기는
> 일이라고 생각할 때가 올 것이다."(공동번역/요16:2)

제자들을 비롯한 크리스천이 만날 위험은 하나님을 아는 자들에 의해 벌어집니다. 사울(바울)이 주동이 되어 스데반을 죽였듯이 초대교회 이래로 크리스천들이 당한 핍박은 놀랍게도 하나님을 믿는 자들에

의한 것이었습니다. 공동체에서 제외하거나 왕따시키고 심지어 살해했습니다. 이런 사실을 주님은 매우 잘 알고 계셨습니다. 그래서 먼저 말씀하신 것입니다.

> "오직 너희에게 이 말을 한 것은 너희로 그 때를 당하면 내가 너
> 희에게 말한 이것을 기억나게 하려 함이요"(요16:4)

물론 주님에게는 대책이 있었습니다. 성령을 통한 '주님의 함께 하심'입니다. 그러므로 걱정할 것이 없습니다. 스데반의 담대한 모습을 보면 충분히 알 수 있습니다. 게다가 우리는 그런 미움과 핍박을 받을 만큼 온전한 크리스천이 아닐지도 모릅니다.

> "스데반이 성령 충만하여 하늘을 우러러 주목하여 하나님의 영광
> 과 및 예수께서 하나님 우편에 서신 것을 보고"(행7:55)

* 묵상질문
주님 때문에 핍박받을 만큼 나는 세상에서 하나님의 사람으로 살고 있기는 한 것입니까?

진리의 성령이 하시는 일

* Lexio 읽기 / 요한복음 16:5-15

가능하면 오늘의 본문을 먼저 읽는 것이 좋지만 바로 아래 글을 읽어도 좋습니다. 충분히 본문을 이해하도록 배려하며 글을 썼습니다. 혹시 본문을 읽으신 분은 감동이 오는 말씀이나 단어 혹은 느낌을 간단히 적으시면 좋습니다.

> "사람들은 너희를 회당에서 쫓아낼 것이다. 그리고 너희를 죽이
> 는 사람들이 그런 짓을 하고도 그것이 오히려 하나님을 섬기는
> 일이라고 생각할 때가 올 것이다."(공동번역/요16:2)

주님께서 떠나신다는 말씀을 기억하고 있던 제자들은 이러한 말에 더욱 근심했습니다. 그런데 주님은 자신이 떠나는 것이 유익하다는 이상한 말씀을 하셨습니다.

> "그러나 내가 너희에게 실상을 말하노니 내가 떠나가는 것이 너
> 희에게 유익이라"(요16:7a)

그 이유는 성령께서 오시기 때문입니다.

> "내가 떠나가지 아니하면 보혜사가 너희에게로 오시지 아니할 것
> 이요 가면 내가 그를 너희에게로 보내리니"(요16:7b)

주님은 성령을 통하여 우리와 늘 함께하십니다. 또 육신으로 오신

예수님은 시간과 공간에 제한받으시지만 성령을 통하여 모든 육체적인 제약을 뛰어넘어 우리를 만나십니다. 더욱이 성령께서는 우리 육체의 제한적 인식을 넘어 영으로 모든 것을 말씀하시기 때문에 우리 안의 죄를 깨닫게 할 것이고 온전히 진리를 깨닫게 하실 것입니다.

> "그분이 오시면 죄와 정의와 심판에 관한 세상의 그릇된 생각을
> 꾸짖어 바로잡아 주실 것이다. 그분은 나를 믿지 않은 것이 바로
> 죄라고 지적하실 것이며"(공동번역/요16:8-9)

무엇보다 시간과 공간을 초월하여 진리를 깨닫게 하시며 현재만이 아니라 미래까지 알게 하십니다. 육체가 아니라 영이시기 때문입니다.

> "그러나 진리의 성령이 오시면 그가 너희를 모든 진리 가운데로
> 인도하시리니 그가 스스로 말하지 않고 오직 들은 것을 말하며
> 장래 일을 너희에게 알리시리라"(요16:13)

* 묵상질문

성령께서 죄를 깨닫게 하시고 믿음을 세우며 진리로 이끄실 것입니다. 얼마나 근사한 일입니까?

"조금 있으면"의 의미

* Lexio 읽기 / 요한복음 16:16-22
가능하면 오늘의 본문을 먼저 읽는 것이 좋지만 바로 아래 글을 읽어도 좋습니다. 충분히
본문을 이해하도록 배려하며 글을 썼습니다. 혹시 본문을 읽으신 분은 감동이 오는 말씀이
나 단어 혹은 느낌을 간단히 적으시면 좋습니다.

"조금 있으면 세상은 다시 나를 보지 못할 것이로되 너희는 나를
보리니"(요14:19)

주님은 성령의 역사와 역할을 강조하셨지만 제자들의 마음은 계속
불안했습니다. 주님 역시 반복해서 그들의 마음을 위로하셨습니다.

"조금 있으면 너희가 나를 보지 못하겠고 또 조금 있으면 나를 보
리라"(요16:16)

"조금 있으면", 조금만 기다리라는 말씀은 성령의 임재를 통한 영적
인 소통을 말하는 것이었습니다. 하지만 아무리 설명해도 제자들은 알
아듣지 못했습니다.

"조금 있으면이라 하신 말씀이 무슨 말씀이냐 무엇을 말씀하시는
지 알지 못하노라"(요16:18)

"조금 있으면", 무슨 일이 벌어지는지 도무지 이해 못 하는 제자들

에게 주님은 출산의 예를 드셨습니다. 더 이해하기 힘들었지만 주님의
의도는 분명했습니다.

> "내가 진실로 진실로 너희에게 이르노니 너희는 곡하고 애통하겠
> 으나 세상은 기뻐하리라 너희는 근심하겠으나 너희 근심이 도리
> 어 기쁨이 되리라"(요16:20)

> "여자가 해산하게 되면 그 때가 이르렀으므로 근심하나 아기를
> 낳으면 세상에 사람 난 기쁨으로 말미암아 그 고통을 다시 기억
> 하지 아니하느니라"(요16:21)

"조금 있으면" 닥칠 근심과 고통은 해산의 고통 같은 것입니다. 그것
은 앞으로 제자들이 경험하게 될 예수님의 수난과 죽음 그로 인한 제
자들이 받을 고통이었습니다. 하지만 아이를 낳으면 해산의 고통을 다
잊는 것처럼 성령의 임재를 통한 새로운 일치, 그리스도와의 일치를
경험하게 될 때 얼마든지 고통을 이길 수 있는 힘을 갖게 될 것이고,
그 기쁨은 측량할 수 없을 만큼 놀라울 것입니다. 아직은 도무지 이해
할 수 없지만 나중, 곧 "조금 있으면" 경험하게 될 사건이었습니다.

* 묵상질문

"조금 있으면" 우리도 만나게 될 신앙의 신비는 놀랍습니다. 그러므로 끝까지 걸어가셔야
합니다.

우리도 이길 것이다

* Lexio 읽기 / 요한복음 16:23-33
가능하면 오늘의 본문을 먼저 읽는 것이 좋지만 바로 아래 글을 읽어도 좋습니다. 충분히
본문을 이해하도록 배려하며 글을 썼습니다. 혹시 본문을 읽으신 분은 감동이 오는 말씀이
나 단어 혹은 느낌을 간단히 적으시면 좋습니다.

"조금 있으면" 벌어질 일은 주님의 고난과 죽음이지만 십자가에 대
속하신 예수 그리스도 때문에 "조금 있으면" 하나님과 막힌 담이 무너
지고 성령을 통하여 하나님께 나아가는 놀라운 존재가 될 것입니다.
"조금 있으면" 벌어질 근심된 일과 기쁜 일입니다.

> "형제들아 우리가 예수의 피를 힘입어 성소에 들어갈 담력을 얻
> 었나니 그 길은 우리를 위하여 휘장 가운데로 열어 놓으신 새로
> 운 살 길이요 휘장은 곧 그의 육체니라"(히10:19-20)

예수 그리스도의 죽음은 잠깐 근심스러운 일이지만 그로 인해 우리
가 하나님을 만날 수 있는 길이 열린 것입니다. 이제 우리는 예수의 이
름으로 구할 수 있게 된 것이고 하나님은 그 기도에 응답하시는 것입
니다. 그것이 우리에게 생긴 기쁨입니다.

> "지금까지는 너희가 내 이름으로 아무 것도 구하지 아니하였으나
> 구하라 그리하면 받으리니 너희 기쁨이 충만하리라"(요16:24)

"조금 있으면" 올 그때를 주님은 "그 날에"(요16:26)라고 말씀하셨는데 성령을 통하여, 그리스도 예수를 통하여 우리가 직접 하나님께 구해도 되는 날입니다.

> "그 날에 너희가 내 이름으로 구할 것이요 내가 너희를 위하여 아
> 버지께 구하겠다 하는 말이 아니니 이는 너희가 나를 사랑하고
> 또 내가 하나님께로부터 온 줄 믿었으므로 아버지께서 친히 너
> 희를 사랑하심이라"(요16:26–27)

그제야 제자들은 주님의 말씀을 이해한 듯 보입니다. 예수님을 믿는다 고백합니다. 하지만 주님은 여전히 제자들을 걱정하고 계셨습니다. 앞으로 그들이 만날 환난이 쉽지 않다는 것을 알고 계셨기 때문입니다. 그래서 아직 십자가를 만나진 않았어도 이미 세상을 이겼다고 선포하십니다. 걱정하지 말라는 말씀이었고 또 축복이었습니다.

> "이것을 너희에게 이르는 것은 너희로 내 안에서 평안을 누리게
> 하려 함이라 세상에서는 너희가 환난을 당하나 담대하라 내가
> 세상을 이기었노라"(요16:33)

* 묵상질문

우리도 이길 것입니다. 제자들에게 하신 약속은 오늘 우리에게도 동일하기 때문입니다. 잊지 마십시오.

예수의 마지막 기도

* Lexio 읽기 / 요한복음 17:1–5
가능하면 오늘의 본문을 먼저 읽는 것이 좋지만 바로 아래 글을 읽어도 좋습니다. 충분히
본문을 이해하도록 배려하며 글을 썼습니다. 혹시 본문을 읽으신 분은 감동이 오는 말씀이
나 단어 혹은 느낌을 간단히 적으시면 좋습니다.

> "예수께서 이 말씀을 하시고 눈을 들어 하늘을 우러러 이르시되
> 아버지여 때가 이르렀사오니 아들을 영화롭게 하사 아들로 아버
> 지를 영화롭게 하게 하옵소서"(요17:1)

예수님께서는 13장 31절부터 16장 33절까지의 유월절 말씀을 마치
시며 하나님께 매우 중요한 기도를 드리셨습니다. 그것은 제자들을 위
한 예수님의 중보기도였습니다. 그리고 18장에서 바로 예수님이 체포
당하셨습니다. 그러므로 이 기도는 제자들을 향한 예수님의 간절함이
배어 있는 기도임을 알 수 있습니다. 먼저 예수님 자신을 위한 내용으
로 기도를 시작합니다. 그 기도는 예수님의 지상 사역의 종료, 곧 사명
의 완성을 말하는 것이었습니다.

> "아버지께서 내게 하라고 주신 일을 내가 이루어 아버지를 이 세
> 상에서 영화롭게 하였사오니"(요17:4)

주님은 아버지께서 "하라고 주신 일"(요17:4), 곧 지상 사역을 성공
적으로 마치셨으며 하나님의 영광을 드러내었다는 기도를 하셨습니

다. 그렇다면 예수님이 완성시킨 하나님께서 하라고 주신 일은 무엇입니까? 앞서 주님은 그것을 '하나님의 뜻'이라고 표현하신 바 있습니다.

> "내가 하늘에서 내려온 것은 내 뜻을 행하려 함이 아니요 나를 보내신 이의 뜻을 행하려 함이니라 나를 보내신 이의 뜻은 내게 주신 자 중에 내가 하나도 잃어버리지 아니하고 마지막 날에 다시 살리는 이것이니라"(요6:38-39)

그 뜻을 실행할 준비는 다 끝났습니다. 이제 남은 것은 십자가를 지는 것이었습니다. 그것은 죄악으로 죽는 인간들을 살리는 일로 오직 예수님만이 하실 수 있는 최고의 제사였습니다. 주님은 그 일을 십자가에서 완성하셨습니다.

> "아버지께서 내게 하라고 주신 일을 내가 이루어 아버지를 이 세상에서 영화롭게 하였사오니 아버지여 창세 전에 내가 아버지와 함께 가졌던 영화로써 지금도 아버지와 함께 나를 영화롭게 하옵소서"(요17:4-5)

---

* 묵상질문

우리를 위해 죽으신 예수 그리스도의 십자가는 그 자체로 사랑입니다. 다른 어떤 것들로 표현할 수 없는 은혜입니다. 우리가 충분히 살아갈 수 있는 이유입니다. 그러므로 언제나 십자가 예수 그리스도에게 시선을 고정하십시오.

제자들을 위한 기도 1

* Lexio 읽기 / 요한복음 17:6-10

가능하면 오늘의 본문을 먼저 읽는 것이 좋지만 바로 아래 글을 읽어도 좋습니다. 충분히 본문을 이해하도록 배려하며 글을 썼습니다. 혹시 본문을 읽으신 분은 감동이 오는 말씀이나 단어 혹은 느낌을 간단히 적으시면 좋습니다.

기도를 시작하며 하나님께서 주신 일을 함으로 하나님을 영화롭게 하였다고 고백합니다.

> "아버지께서 내게 하라고 주신 일을 내가 이루어 아버지를 이 세
> 상에서 영화롭게 하였사오니"(요17:4)

그리고 6-19절에서는 제자들을 위한 기도를 하셨는데, 첫 마디부터 제자들을 칭찬하셨습니다. 하나님 아버지께서 주신 말씀을 제자들에게 전하였는데 그들이 그 말씀을 잘 지켰다는 것입니다.

> "세상 중에서 내게 주신 사람들에게 내가 아버지의 이름을 나타
> 내었나이다 그들은 아버지의 것이었는데 내게 주셨으며 그들은
> 아버지의 말씀을 지키었나이다"(요17:6)

또 제자들은 그 말씀을 전하는 주님이 하나님께로부터 왔다고 믿었으며, 더 나아가 정말 납득하기 힘들지만 제자들 때문에 주께서 영광을 받으셨다고도 말씀하십니다.

"내 것은 다 아버지의 것이요 아버지의 것은 내 것이온데 내가 그

들로 말미암아 영광을 받았나이다"(요17:10)

주님은 제자들로부터 어떤 영광을 받으신 것입니까? 영광은커녕 베드로의 저주와 가룟 유다의 배신 등 이후 제자들의 부인이 찬란하게 드러나지 않았습니까? 그런데 영광을 받았다는 것입니다. 분명한 것은 주님이 영광을 받으셨다는 것이 우리가 일반적으로 생각하는 의로운 행위나 근사한 업적 때문은 아닐 것입니다. 그렇다면 어떤 의미입니까? 주님의 말씀에서 답을 찾을 수 있는데, 주님이 영광을 받으신 것은 그들이 온전히 예수님을 믿음으로 분명하게 주님의 제자가 되었기 때문입니다. 그러니까 비록 연약해 실패할지라도 '믿는 것만으로', 곧 주님에게 속하여 있는 것만으로도 제자들은 주님께 영광이 된다는 말입니다.

"나는 나에게 주신 말씀을 이 사람들에게 전하였습니다. 이 사람

들은 그 말씀을 받아들였고 내가 아버지께로부터 온 것을 참으

로 깨달았으며 아버지께서 나를 보내신 것을 믿었습니다."

(공동번역/요17:8)

* **묵상질문**

우리가 믿는 것만으로도 주님께는 영광이 된다는 사실이 믿어지지 않지만 사실입니다. 너무 놀랍습니다.

제자들을 위한 기도 2

* Lexio 읽기 / 요한복음 17:11-19
가능하면 오늘의 본문을 먼저 읽는 것이 좋지만 바로 아래 글을 읽어도 좋습니다. 충분히 본문을 이해하도록 배려하며 글을 썼습니다. 혹시 본문을 읽으신 분은 감동이 오는 말씀이나 단어 혹은 느낌을 간단히 적으시면 좋습니다.

"내가 그들로 말미암아 영광을 받았나이다"(요17:10)

이미 살핀 것처럼 그들의 현상적 삶이 완전했기 때문이 아닙니다. 그럼에도 불구하고 이와 같이 말씀하신 또 다른 이유는 부인과 저주로 드러나는 제자들의 실패를 비난하지 않으시고 연약함으로 여기셨기 때문입니다. 주님은 그들의 연약함을 배신이나 타협으로 생각하지 않으셨습니다.

집을 이사하고 정리할 때 부모님을 돕고 싶었던 어린 자녀가 도자기를 옮기다가 깨뜨렸습니다. 그 모습을 본 부모님은 화를 내지 않았습니다. 오히려 겁을 먹고 있는 자녀를 꼭 끌어안아 주었습니다. 그 아이의 마음을 알았기 때문입니다. 그것은 실패가 아니라 연약함인 것을 알았기 때문입니다.

마찬가지입니다. 우리는 실패와 연약함을 혼동하지만 주님은 절대로 혼동하지 않으십니다. 그것이 겟세마네에서 졸고 있는 제자들에게 "마음에는 원이로되 육신이 약하도다"(막14:38)라는 말로 위로하신 이

212

유입니다. 물론 우리의 연약함을 언제까지나 면죄부로 삼아 살 수는 없습니다. 하지만 분명한 것은 주님은 우리의 연약함을 아신다는 사실입니다. 대신 필요한 것은 연약함을 넘어 강건한 주의 사람이 되는 추구입니다. 자신의 연약함을 넘어 하나님의 일을 할 수 있는 사람이 되는 것 말입니다. 주님도 이를 위해 기도하셨습니다.

> "내가 이 세상에 속하지 않은 것처럼 이 사람들도 이 세상에 속한 사람들이 아닙니다. 이 사람들이 진리를 위하여 몸을 바치는 사람들이 되게 하여주십시오."(공동번역/요17:16-17)

주님의 마음은 분명합니다. 우리의 의로움이나 선함이 주님께 덕이 되지 않습니다. 주님은 지금 믿고 있는 우리 모습 그대로 아름답게 보시기 때문입니다. 이 사실 깨달은 바울 같은 이는 자신의 몸을 쳐서 복종시키며 하나님의 쓸모 있는 사람이 되기를 추구하였습니다. 무엇을 이루지 못하더라도, 실패할지라도 우리에게 '잘했다', '너는 나의 영광이다'라고 말씀하시는 주님 때문에 무한한 자유함을 가지고 말입니다. 그러니 사랑을 아는 하나님의 사람들의 이러한 소원은 당연합니다.

* 묵상질문
이제 자유롭게 주를 위해 살 수 있도록 준비하고 추구하는 것이 당연하지 않겠습니까? 어떻게 생각하십니까?

모든 믿는 사람들을 위한 기도

* Lexio 읽기 / 요한복음 17:20-26
가능하면 오늘의 본문을 먼저 읽는 것이 좋지만 바로 아래 글을 읽어도 좋습니다. 충분히 본문을 이해하도록 배려하며 글을 썼습니다. 혹시 본문을 읽으신 분은 감동이 오는 말씀이나 단어 혹은 느낌을 간단히 적으시면 좋습니다.

20절부터 주님의 기도는 제자들을 위한 기도를 넘어 "그들의 말로 말미암아 나를 믿는 사람들"(요17:20), 곧 지금 우리를 포함한 크리스천들을 위한 기도로 이어집니다. 기도의 내용이 놀랍고 아름답습니다.

> "아버지여, 아버지께서 내 안에, 내가 아버지 안에 있는 것 같이
> 그들도 다 하나가 되어 우리 안에 있게 하사 세상으로 아버지께
> 서 나를 보내신 것을 믿게 하옵소서"(요17:21)

주님은 먼저 하나님 아버지와 예수 그리스도 자신이 하나일 수밖에 없는 이유를 서로 안에 거하는 '상호 내주' 때문이라고 밝힙니다. 달리 하나가 될 필요도 없이 예수님이 하나님 안에 거하고, 하나님이 예수님 안에 거하시기에 하나가 되는 것은 당연하다는 말씀이었습니다.

그리고 우리를 위한 기도를 꺼내셨습니다. 우리들이 예수님과 하나님 안에 거할 수 있도록 해달라는 것이었습니다. 주님은 그 방법이 "하나 됨"에 있다고 분명하게 말씀하십니다. "그들도 다 하나가 되어 우리 안에 있게" 해달라고 기도하신 이유입니다. 우리가 주님 안에 '상호

내주'하게 될 때 우리 서로는 그리스도 안에서 하나가 됩니다.

'하나님과 하나가 되다.' 그것은 우리가 하나님 자녀의 권세를 누리게 됨을 의미하기도 합니다. 주님은 하나님으로부터 받은 영광을 모두 다 우리에게 주시겠다고 말씀하셨기 때문입니다.

> "내게 주신 영광을 내가 그들에게 주었사오니 이는 우리가 하나
> 가 된 것 같이 그들도 하나가 되게 하려 함이니이다"(요17:22)

주님은 하나님 안에서 하나가 되기 위한 비밀을 말씀하셨는데 그것은 하나님 아버지를 더 아는 것과 함께 사랑하는 것이었습니다. 주님의 마지막 기도 내용이었습니다.

> "나는 이 사람들에게 아버지를 알게 하였으며 앞으로도 그렇
> 게 하겠습니다. 그것은 아버지께서 나를 사랑하신 그 사랑이
> 그들 안에 있고 나도 그들 안에 있게 하려는 것입니다."
>
> (공동번역/요17:26)

＊ 묵상질문
하나님 안에 모두가 하나가 되는 것, 곧 하나님의 자녀로 하나님 나라를 이루는 것이 하나님의 뜻입니다.

제 10 부

내가 예수의 제자다

끝까지 지키실 것이다

* Lexio 읽기 / 요한복음 18:1–9
가능하면 오늘의 본문을 먼저 읽는 것이 좋지만 바로 아래 글을 읽어도 좋습니다. 충분히 본문을 이해하도록 배려하며 글을 썼습니다. 혹시 본문을 읽으신 분은 감동이 오는 말씀이나 단어 혹은 느낌을 간단히 적으시면 좋습니다.

> "예수께서 이 말씀을 하시고 제자들과 함께 기드론 시내 건너편
> 으로 나가시니 그 곳에 동산이 있는데 제자들과 함께 들어가시
> 니라"(요18:1)

유월절 식사와 강화를 마치신 후 주님은 제자들과 함께 기드론 시내를 건너 겟세마네 동산으로 가셨습니다. 그곳에서 기도를 마치실 즈음에 가룟 유다와 대제사장의 군사 무리가 병기로 무장하고 예수님을 잡으러 옵니다. 예수님께서는 자신이 당할 일을 모두 알고 계셨기에 유다와 군사들에게 매우 순순히 반응하셨습니다. 격렬한 저항을 예상했던 예수가 자신을 "나사렛 예수"라고 밝히며 나타나니, 군사들은 매우 당황했습니다. 성경은 그들이 "뒷걸음치다가 땅에 넘어졌다"(공동번역/요18:6)라고 기록합니다.

여기서 우리가 주의 깊게 봐야 할 장면은 예수님께서 제자들을 위하는 태도입니다. 예수님은 순순히 잡혀갈 준비가 되어 있으셨습니다. 하지만 제자들은 어떻게든 보호하려고 하셨습니다. 주님의 말씀이 그 사실을 보여줍니다.

"'내가 그 사람이라고 하지 않았느냐? 너희가 나를 찾고 있다면
이 사람들은 가게 내버려두어라' 하고 예수께서 말씀하셨다."

(공동번역/요18:8)

주님이 잡혀가고 죽임 당하는 상황을 제자들과 함께하길 원치 않으
신 것입니다. 주님은 제자들을 지키고 싶으셨던 것입니다. 그것은 하
나님 아버지의 뜻이기도 하였습니다.

"이는 아버지께서 내게 주신 자 중에서 하나도 잃지 아니하였사
옵나이다 하신 말씀을 응하게 하려 함이러라"(요18:9)

예수님은 마지막 순간까지 제자들을 보호하고 계셨습니다. 마찬가
지로 마지막 순간까지, "세상 끝날까지"(마28:20) 주님은 우리를 보호
하실 것입니다. 그리고 주님의 보호가 이 세상에서 이뤄진 일이라는
점을 기억하십시오.

* 묵상질문
주님은 우리를 끝까지 지키실 것입니다. 우리가 고통당하고 수난을 당하는 것은 주님의 뜻
이 아닙니다. 이러한 주님의 마음을 잊어서는 안 됩니다.

베드로 용기의 근거

* Lexio 읽기 / 요한복음 18:10-14

가능하면 오늘의 본문을 먼저 읽는 것이 좋지만 바로 아래 글을 읽어도 좋습니다. 충분히
본문을 이해하도록 배려하며 글을 썼습니다. 혹시 본문을 읽으신 분은 감동이 오는 말씀이
나 단어 혹은 느낌을 간단히 적으시면 좋습니다.

> "너희가 나를 찾고 있다면 이 사람들은 가게 내버려두어라"
>
> (공동번역/요18:8)

그 후 베드로가 칼을 빼어 대제사장의 종 말고의 귀를 벱니다. 하지
만 무력은 주님의 뜻이 아니었습니다. 주님은 칼을 쓰는 것을 용납하
지 않으시고 "칼을 칼집에 꽂으라"(요18:11) 말씀하십니다. 더욱이 칼
을 휘두르는 베드로의 모습은 용감해 보이지만 이후 베드로의 행보는
비참하기가 이를 데 없습니다. 무장한 군사들 앞에서도 담대하게 칼을
휘두르던 베드로가 문 지키는 여종 앞에서조차 연약한 태도를 보이며
주님을 부정하였습니다. 그는 예수님을 부인하였고, 저주까지 하였습
니다. 불과 몇 시간 사이에 바뀌었습니다. 왜 이렇게 변한 것입니까?

여러 가지 가능성이 있겠지만 성경을 살펴보면 베드로가 용감할 수
있었던 것은 무기 때문으로 추측할 수 있습니다. 당시 무기는 베드로
만 가지고 있었던 것이 아닙니다. 누가복음은 "그의 주위 사람들이 그
된 일을 보고 여짜오되 주여 우리가 칼로 치리이까"(눅22:49)라고 기
록합니다. 어쩌면 베드로가 칼을 드는 것이 싸움의 시작을 알리는 신

호였는지도 모릅니다. 그런데 주님이 멈추게 하신 것입니다.

또 다른 가능성은 예수 그리스도께서 어떤 능력도 발휘하지 않으셨기 때문일 것입니다. 예수님의 무능력함과 비참한 체포 과정을 보면서 무력해진 것입니다. 베드로는 더 이상 예수님으로부터 육체적인 필요나 요청을 얻을 수 없는 것을 확인했기 때문일 것입니다.

> "이에 군대와 천부장과 유대인의 아랫사람들이 예수를 잡아 결박하여 먼저 안나스에게로 끌고 가니"(요18:12-13)

결국 베드로의 용기는 내가 의지할 것이 있을 때, 내가 자신하는 것이 있을 때, 내가 얻을 것이 있을 때만 행할 수 있는 제한적인 것이었습니다. 그러므로 이 질문을 던져보십시오. '아무것도 없을 때, 아무것도 기대할 것이 없을 때에 나에게 주님은 무엇인가?'

* 묵상질문
오로지 주님 때문에 충분한 지경에 이르러야 합니다. 실제로 주님만으로 충분하기 때문입니다. 그런데 대부분 우리는 그렇지 못합니다. 그렇다면 나는 어떻습니까?

죄가 없다 증거도 없다

* Lexio 읽기 / 요한복음 18:19-24

가능하면 오늘의 본문을 먼저 읽는 것이 좋지만 바로 아래 글을 읽어도 좋습니다. 충분히
본문을 이해하도록 배려하며 글을 썼습니다. 혹시 본문을 읽으신 분은 감동이 오는 말씀이
나 단어 혹은 느낌을 간단히 적으시면 좋습니다.

> "이에 군대와 천부장과 유대인의 아랫사람들이 예수를 잡아 결박
> 하여 먼저 안나스에게로 끌고 가니"(요18:12-13)

새벽이 가까워오는 깊은 밤 가룟 유다의 도움을 받은 대제사장들을
비롯한 종교 지도자들은 군사를 보내어 예수님을 체포합니다. 그들이
예상한 것보다 너무 쉽게 예수님은 순순히 체포에 응하셨고 모든 것은
일사천리로 진행되었습니다. 체포한 군사들은 먼저 그들에게 지시한
이로 보이는 대제사장 안나스의 집으로 갑니다. 그리고 예수님을 기다
리고 있던 안나스가 예수를 심문하기 시작하였습니다.

그 해의 공식적인 대제사장은 가야바였지만 실권자는 안나스로 보
입니다. 안나스는 A.D. 6년 경 수리아의 총독 퀴리니우스(구레뇨)에
의해 대제사장에 임명되었다가 16년 경 유다 총독 발렐리우스 그라투
스에 의해 면직되었지만, 여전히 강력한 대제사장의 권한을 갖고 있었
습니다. 후에 그의 다섯 아들은 모두 대제사장이 되었고 현재 대제사
장 가야바도 그의 사위였습니다.

그래서 예수님이 체포되었을 때 가야바가 아니라 안나스에게로 간 것입니다. 안나스는 주모자답게 먼저 예수님의 혐의를 입증해 보고자 노력하였습니다. 하지만 어떤 혐의도 찾을 수가 없었습니다. 말을 문제 삼으려 했지만 의미 없었습니다. 그동안 주님의 말씀 중 은밀히 진행된 것은 없었기 때문이었습니다.

> "내가 드러내 놓고 세상에 말하였노라 모든 유대인들이 모이는
> 회당과 성전에서 항상 가르쳤고 은밀하게는 아무 것도 말하지
> 아니하였거늘"(요18:20)

예수님께서는 이미 이들이 자신을 감시하던 것도 다 알고 계셨고, 모든 말과 행위가 샅샅이 보고되고 있다는 것도 알고 계셨습니다. 그러니 더 알고 싶으면 그 첩자들에게 물어보라고 다그치셨습니다. 무모한 체포였음이 드러나는 순간이었습니다.

> "어찌하여 내게 묻느냐 내가 무슨 말을 하였는지 들은 자들에게
> 물어 보라 그들이 내가 하던 말을 아느니라"(요18:21)

* 묵상질문

무모한 체포와 억지 증거를 조작하는 일이 앞으로 더 심하게 벌어지겠지만 예수님께는 죄가 없었습니다. 죄가 없는 것이 죄였습니다.

닭 울음소리

* Lexio 읽기 / 요한복음 18:15-18,25-27
가능하면 오늘의 본문을 먼저 읽는 것이 좋지만 바로 아래 글을 읽어도 좋습니다. 충분히 본문을 이해하도록 배려하며 글을 썼습니다. 혹시 본문을 읽으신 분은 감동이 오는 말씀이나 단어 혹은 느낌을 간단히 적으시면 좋습니다.

> "베드로가 예수를 멀찍이 따라 대제사장의 집 뜰 안까지 들어가
> 서 아랫사람들과 함께 앉아 불을 쬐더라"(막14:54)

일사천리로 진행되던 그 자리를 멀찍이 따라가던 사람이 베드로입니다. 하지만 쉽지 않았습니다. 부인하고 저주해야 했기 때문입니다. 비참한 모습이었습니다. 그런데 이런 생각이 들었습니다. 주님이 베드로를 사랑하신 이유 말입니다. 강한 육체와 정신 그리고 놀라운 지혜를 가져서가 아니라 약한 육신과 나약함 때문에 쉽게 무너지지만, 그래도 멀찍이라도 좇아가는 그에게서 진정성을 보셨기 때문일 것입니다.

약한 존재 베드로, 베드로는 점점 더 깊은 비참함에 빠집니다. 그를 알아보는 사람들 때문이었습니다. 계속 제자임을 부인하던 베드로가 치명적인 상황을 만납니다. 베드로가 칼로 귀를 베었던 말고의 친척이 나타난 것입니다. 그는 그 자리에 자기가 있었다고 증언하였습니다.

"대제사장의 종 하나는 베드로에게 귀를 잘린 사람의 친척이라

이르되 네가 그 사람과 함께 동산에 있는 것을 내가 보지 아니하
였느냐"(요18:26)

베드로는 더 강한 부인을 해야 했습니다. 베드로의 제자로 알려진 마가가 쓴 복음서에는 좀 더 자세하게 그 비참했던 베드로의 모습이 기록되어 있습니다.

"베드로가 저주하며 맹세하되 나는 너희가 말하는 이 사람을 알
지 못하노라 하니 닭이 곧 두 번째 울더라"(막14:71-72)

닭 울음소리와 주님의 시선 앞에 베드로는 무너집니다. 닭 울음소리는 거기 있는 모든 사람들에게도 들렸을 것입니다. 그러나 닭 울음소리에 가슴이 무너진 사람은 베드로 한 사람뿐이었습니다. 닭 울음소리의 은총입니다. 같은 관점에서 요한 웨슬리(John Wesley)가 들었던 로마서 주석 서문은 올더스게이트에 있는 모든 사람들이 들은 음성이었습니다. 그런데 웨슬리는 무너졌습니다. 그것은 웨슬리가 들은 닭 울음소리였던 것입니다.

* 묵상질문
우리에게도 주님이 준비하신 닭 울음소리가 있습니다. 들을 수 있는 민감한 영성이 있기를 기도하십시오.

- -

- -

정치꾼 종교인들

* Lexio 읽기 / 요한복음 18:28-38
가능하면 오늘의 본문을 먼저 읽는 것이 좋지만 바로 아래 글을 읽어도 좋습니다. 충분히
본문을 이해하도록 배려하며 글을 썼습니다. 혹시 본문을 읽으신 분은 감동이 오는 말씀이
나 단어 혹은 느낌을 간단히 적으시면 좋습니다.

> "사람들이 예수를 가야파의 집에서 총독 관저로 끌고 갔다. 그 때
> 는 이른 아침이었는데"(공동번역/요18:28)

가야바 앞에서의 재판 후 예수님은 최종 판결을 위해 제5대 총독이
었던 빌라도의 관저로 옮겨집니다. 당시 로마 총독 빌라도와 산헤드린
공의회의 관계는 좋지 않았습니다. 로마의 통치 지역 중 가장 골치 아
픈 지역은 유대 땅이었는데 그곳은 거의 치외법권 지역으로 산헤드린
공의회나 대제사장이 결정하면 종교적인 이유로 고문, 린치 심지어 사
형까지 집행하였기 때문이었습니다.

현장에서 간음하다 잡혀온 여인을 길거리에 세워놓고 돌로 쳐 죽이
려는 장면을 봐도 알 수 있으며, 실제로 종교적 이유로 스데반을 대낮
에 돌로 쳐 죽였습니다. 이처럼 종교적 권력을 마음대로 행하던 이들
이 자신에게 예수님을 데려오자 빌라도는 이상하게 여겼습니다. 그래
서 약간은 비꼬듯이 말합니다.

> "빌라도가 이르되 너희가 그를 데려다가 너희 법대로 재판하라"
> (요18:31)

하지만 그렇게 쉽게 끝낼 수는 없었습니다. 유대인들이 들고 나온 죄목이 반역죄였기 때문이었습니다.

> "고발하여 이르되 우리가 이 사람을 보매 우리 백성을 미혹하고
> 가이사에게 세금 바치는 것을 금하며 자칭 왕 그리스도라 하더
> 이다"(눅23:2)

이들의 고발 중 "자칭 왕 그리스도라"라는 내용은 그냥 넘어갈 수 없었습니다. 그래서 심문해야 했습니다. 하지만 몇 마디 주고받는 심문 과정에서 죄가 없는 것이 오히려 명확하게 드러났습니다. 로마에 대항하는 반정부적인 인물이 아님을 빌라도가 안 것입니다. 그래서 이렇게 고발인들에게 말을 합니다.

> "나는 그에게서 아무 죄도 찾지 못하였노라"(요18:38)

하나님을 믿는 대제사장들과 산헤드린 공의회, 유대의 지도자들이 죄 없는 예수님을 죽이려 한 것입니다. 매우 정치적인 행위였습니다. 자신들의 기득권을 지키기 위해 조작한 살해 음모였습니다. 그들은 하나님을 믿는다고 말만 하는 껍데기 신앙인들이었습니다. 완전히 정치꾼 종교인들이었습니다.

* 묵상질문
하나님 없이 정치적인 크리스천이 되어서는 안 됩니다. 정직과 성실을 잃으면 다 잃은 것이기 때문입니다.

- -

- -

진리 안에서의 열심

* Lexio 읽기 / 요한복음 18:28-40
가능하면 오늘의 본문을 먼저 읽는 것이 좋지만 바로 아래 글을 읽어도 좋습니다. 충분히
본문을 이해하도록 배려하며 글을 썼습니다. 혹시 본문을 읽으신 분은 감동이 오는 말씀이
나 단어 혹은 느낌을 간단히 적으시면 좋습니다.

요한복음은 예수님과 빌라도의 대화를 비교적 자세히 기록하고 있
는데, 여기에는 빌라도가 품은 의문점이 나옵니다. 예수님이 유대인의
왕이라면 응당 보호해야 할 텐데, 유대인도 아닌 자신에게 소위 유대
인들의 왕을 넘기는 것이 아무래도 이상했던 것입니다.

> "빌라도는 '내가 유다인인 줄로 아느냐? 너를 내게 넘겨준 자들은
> 너희 동족과 대사제들인데 도대체 너는 무슨 일을 했느냐?' 하고
> 물었다."(공동번역/요18:35)

누가복음을 보면 주님은 빌라도의 질문에 "네 말이 옳도다"(눅23:3)
라고 자신이 유대인의 왕임을 시인하시지만 다른 의미에서의 왕이었
습니다. 세속적 정치적 왕은 아니었습니다.

> "내 나라는 이 세상에 속한 것이 아니니라 만일 내 나라가 이 세
> 상에 속한 것이었더라면 내 종들이 싸워 나로 유대인들에게 넘
> 겨지지 않게 하였으리라 이제 내 나라는 여기에 속한 것이 아니
> 니라"(요18:36)

빌라도는 심문하는 과정에서 음모에 의한 고발임을 알았습니다. 하지만 기소한 이들이 유대의 종교적 실권자인 대제사장 그룹과 바리새인들, 물질적 권력을 가진 사두개인과 헤롯당의 연합전선이었기에 빌라도는 무엇인가를 해야 했습니다. 그래서 찾아낸 것이 유월절 사면령이었고 강도 바라바를 내세운 것입니다. 그는 폭동을 일으키고 살인을 행한 매우 잔인하고 몰염치한 강도였습니다. 그래서 빌라도는 예수를 사면의 대상으로 여기리라 믿었습니다. 그런데 그들이 선택한 것은 바라바였습니다. 바라바는 놔주고 예수를 십자가에 못 박으라는 황당한 요청이었습니다.

본문을 읽다 보면 재미있는 장면이 보입니다. 유대인들이 관정으로 들어오지 않자 빌라도가 관정 밖으로 나가 얘기를 듣고 다시 들어와서 예수를 심문하는 것입니다. 그 이유는 유대인들의 태도 때문이었습니다. 성경을 보면 "그들은 더럽힘을 받지 아니하고 유월절 잔치를 먹고자 하여 관정에 들어가지 아니"(요18:28)하려 합니다. 즉 빌라도의 관정은 이방인의 집이었기 때문에 이방인의 집에 들어가면 부정하게 된다는 랍비들의 규례를 따라 행동한 것입니다. 정말 기막힌 열심입니다. 하지만 어리석고 왜곡된, 허무한 열심이었습니다.

* 묵상질문
어리석고 허무한 열심으로 살고 있는 것은 아닌지 늘 돌아봐야 합니다. 진리 안에서의 열심이어야 합니다.

빌라도의 한계

* Lexio 읽기 / 요한복음 19:1-8
가능하면 오늘의 본문을 먼저 읽는 것이 좋지만 바로 아래 글을 읽어도 좋습니다. 충분히
본문을 이해하도록 배려하며 글을 썼습니다. 혹시 본문을 읽으신 분은 감동이 오는 말씀이
나 단어 혹은 느낌을 간단히 적으시면 좋습니다.

> "그들이 또 소리 질러 이르되 이 사람이 아니라 바라바라 하니 바
> 라바는 강도였더라"(요18:40)

빌라도는 예루살렘의 지도자들이 자신을 이용하고 있다는 것을 알
았습니다. 그뿐만 아니라 예수가 얼마나 영향력 있는 인물인지도 알고
있었고, 그의 무죄도 알고 있었습니다. 그래서 빌라도는 예수를 살려
놓아야 예루살렘 종교 세력을 견제할 수 있을 것이라고 판단한 것 같
습니다. 드디어 빌라도는 자기 권한을 따라 예수를 채찍질하고 사건
심의를 종료합니다.

> "빌라도가 다시 밖에 나가 말하되 보라 이 사람을 데리고 너희에
> 게 나오나니 이는 내가 그에게서 아무 죄도 찾지 못한 것을 너희
> 로 알게 하려 함이로라 하더라"(요19:4)

그때부터 대제사장들과 하속들이 '예수를 십자가에 못 박을 것'을 소
리치기 시작하였습니다. 빌라도의 선택지는 점점 제한되어갔습니다.
결국 어쩔 수 없었습니다. 빌라도는 자신의 통치권을 포기하고 재판권

과 처형권을 예루살렘 세력에게 넘깁니다.

> "대제사장들과 아랫사람들이 예수를 보고 소리 질러 이르되 십자
> 가에 못 박으소서 십자가에 못 박으소서 하는지라 빌라도가 이
> 르되 너희가 친히 데려다가 십자가에 못 박으라 나는 그에게서
> 죄를 찾지 못하였노라"(요19:6)

사실 대제사장과 유대인 그룹들은 자신들에게 있는 종교법으로 예수를 처형할 수도 있었습니다. 하지만 그렇게 하지 않았습니다. 왜냐하면 신명기 21장 23절의 "나무에 달린 자는 하나님께 저주를 받았음이니라"라는 말씀을 좇아 죽이려 한 것입니다. 그들은 하나님의 말씀을 사람을 죽이는 음모의 도구로 사용했습니다. 그래서 빌라도를 압박해간 것입니다.

빌라도는 죄목 중 하나인 "자기를 하나님의 아들이라"(요19:7) 했다는 사실에 두려운 마음을 갖습니다. 하지만 그들의 드센 기세에 눈치를 보며 자신의 안위만을 생각하던 빌라도는 그들을 따를 수밖에 없었습니다.

* **묵상질문**
분명한 불의였고 음모였습니다. 빌라도는 그것을 아는 사람이었습니다. 하지만 막을 수 없었습니다. 아니, 막지 않았습니다. 그는 세상의 사람이었습니다. 그들이 사는 방법이었습니다.

- -

- -

유대교의 종말 사건

* Lexio 읽기 / 요한복음 19:9-22

가능하면 오늘의 본문을 먼저 읽는 것이 좋지만 바로 아래 글을 읽어도 좋습니다. 충분히 본문을 이해하도록 배려하며 글을 썼습니다. 혹시 본문을 읽으신 분은 감동이 오는 말씀이나 단어 혹은 느낌을 간단히 적으시면 좋습니다.

> "빌라도가 이르되 너희가 친히 데려다가 십자가에 못 박으라 나
> 는 그에게서 죄를 찾지 못하였노라"(요19:6)

빌라도가 처음부터 타협한 것은 아니었습니다. 빌라도는 자신의 통치권을 포기하고서라도 이 문제를 해결하고자 하였습니다. 성경은 빌라도가 "예수를 놓으려고 힘썼으나"(요19:12)라고 쓰고 있습니다. 하지만 그들은 제안을 받아들이지 않았고, 이미 설명한 것처럼 반드시 예수님을 십자가에 매달고자 했습니다. 결국 그들은 빌라도를 압박하기 위한 매우 치명적인 발언을 꺼냅니다.

> "이 사람을 놓으면 가이사의 충신이 아니니이다 무릇 자기를 왕
> 이라 하는 자는 가이사를 반역하는 것이니이다... 그들이 소리
> 지르되 없이 하소서 없이 하소서 그를 십자가에 못 박게 하소서
> 빌라도가 이르되 내가 너희 왕을 십자가에 못 박으랴 대제사장
> 들이 대답하되 가이사 외에는 우리에게 왕이 없나이다"(요19:12,15)

치욕적인 발언, "가이사 외에는 우리에게는 왕이 없나이다!" 하나님

을 부인하는 발언이었습니다. 그렇게 무모하게 몰아붙인 까닭에 그들은 성공하였고 예수님은 십자가에 매달려 죽음을 맞이하셨습니다. 하나님께 저주받아 죽은 죽음이라고 모는 계획이 성공한 것입니다. 그러나 동시에 스스로 하나님을 배반하고 자신들이 하나님의 백성이 아님을 선포하는 것이었습니다. 그때 유대교는 하나님과 끝이 난 것이라고 해도 틀리지 않습니다. 하나님을 믿는 것이 아니라 로마의 황제를 믿기로 한 것이기 때문입니다. 예수님을 매다는 순간 하나님과도 끝나는 유대교의 종말을 의미했습니다.

이 얘기는 이렇게 쉽게 끝나지 않습니다. 빌라도는 그들에게 자신이 피할 명분의 절충안을 제시합니다. 로마의 법대로 십자가형을 하고 로마의 군병이 관리하되 집행은 대제사장들 쪽이 직접 하게 한 것입니다.

"이에 예수를 십자가에 못 박도록 그들에게 넘겨 주니라"(요19:16)

또한 예수님이 유대 왕이 아니라는 것을 알지만 빌라도는 십자가 죄목 패에 "나사렛 예수 유대인의 왕"(요19:19)이라고 써서 붙입니다. 그걸 본 대제사장들이 "자칭 유대인의 왕"(요19:21)이라고 쓰자고 항의했지만, 이것은 양보하지 않았습니다.

* 묵상질문
모든 것을 부정하더라도 신앙을 부정하거나 그리스도를 부인하지는 마십시오. 그것은 끝을 의미하기 때문입니다.

- -

- -

십자가상의 칠언

* Lexio 읽기 / 요한복음 19:23-30
가능하면 오늘의 본문을 먼저 읽는 것이 좋지만 바로 아래 글을 읽어도 좋습니다. 충분히 본문을 이해하도록 배려하며 글을 썼습니다. 혹시 본문을 읽으신 분은 감동이 오는 말씀이나 단어 혹은 느낌을 간단히 적으시면 좋습니다.

"군인들이 예수를 십자가에 못 박고 그의 옷을 취하여 네 깃에 나눠 각각 한 깃씩 얻고 속옷도 취하니"(요19:23)

각 복음서에 흩어져 있는 십자가 위에서 예수님이 말씀하신 일곱 개의 말씀, 소위 '십자가상 칠언'은 아름다운 경주의 마지막을 잘 드러냅니다. 다음은 요한복음에는 없는 예수님의 말씀입니다.

"이에 예수께서 이르시되 아버지 저들을 사하여 주옵소서 자기들이 하는 것을 알지 못함이니이다 하시더라"(눅23:34/십자가상 칠언1)

"예수께서 이르시되 내가 진실로 네게 이르노니 오늘 네가 나와 함께 낙원에 있으리라 하시니라"(눅23:43/십자가상 칠언2)

"예수께서 크게 소리 질러 이르시되 엘리 엘리 라마 사박다니 하시니 이는 곧 나의 하나님, 나의 하나님, 어찌하여 나를 버리셨나이까 하는 뜻이라"(마27:46/십자가상 칠언4)

"아버지 내 영혼을 아버지 손에 부탁하나이다"(눅23:46/십자가상 칠언7)

대신 요한복음은 감사하게도 사역의 완성을 설명하는 말씀을 기록합니다.

"다 이루었다"(요19:30/십자가상 칠언6)

이와 같은 사역의 완성 순간, 예수님께 무엇인가 아쉬운 두 가지가 있었는데 그것을 요한복음은 중요하게 기록합니다.

"여자여 보소서 아들이니이다... 보라 네 어머니라"
(요19:26-27/십자가상 칠언3)

"내가 목마르다"(요19:28/십자가상 칠언5)

요한복음을 읽으며 우리가 느꼈듯 완전한 인간 예수의 모습입니다. 그래서 깊은 위로와 격려가 됩니다. 매우 인간적인 모습 속에 드러나는 사랑 때문입니다. 참 고맙습니다.

* 묵상질문
십자가상의 칠언을 읽으면서 우리의 인간적인 괴로움을 아시는 주님을 느끼게 됩니다. 당신은 십자가상 칠언을 읽으면서 어떤 것을 특별히 느끼셨습니까?

- -

- -

예수는 역사다

* Lexio 읽기 / 요한복음 19:31-37
가능하면 오늘의 본문을 먼저 읽는 것이 좋지만 바로 아래 글을 읽어도 좋습니다. 충분히 본문을 이해하도록 배려하며 글을 썼습니다. 혹시 본문을 읽으신 분은 감동이 오는 말씀이나 단어 혹은 느낌을 간단히 적으시면 좋습니다.

"다 이루었다 하시고 머리를 숙이니 영혼이 떠나가시니라"

(요19:30)

예수님은 그렇게 죽으셨습니다. 사람들은 예수님의 죽음을 확인하기 위해 창으로 옆구리를 찔렀고, 물과 피가 쏟아지며 사망이 확인되었습니다.

"그 중 한 군인이 창으로 옆구리를 찌르니 곧 피와 물이 나오더라"(요19:34)

무신론자 저널리스트로 예수를 이성적으로 접근하며 기사를 쓰던 중 오히려 목사가 되어버린 리 스트로벨(Lee Strobel)은 『예수는 역사다』라는 책을 썼습니다. 그 책에는 예수는 죽은 것이 아니라 기절했다는 '기절 가설'을 입증하기 위해 의학적 소견을 찾는 장면이 나옵니다. 기절설은 수많은 무신론자들이 주장해온 가설 중의 하나입니다.

기절설을 입증하기 위해 여러 학자들을 만나던 중 미국 국립 신장폐

혈액연구소의 알렉산더 메드럴을 만났는데 그에게 스트로벨은 기절설이 놓치고 있는 중요한 얘기를 듣습니다. 예수가 처형 전 태형을 당했는데, 로마의 태형은 쇠구슬과 뼛조각이 달린 채찍이었기 때문에 매를 맞은 등은 상처라고 말하기도 부족할 정도로 너덜너덜해졌을 것이며, 근육과 힘줄이 모두 밖으로 드러나 심각한 출혈을 동반했을 것이라는 사실입니다.

십자가에 못 박힌 후에는 가슴 근육에 가해진 충격으로 폐가 닫혀, 숨을 쉬려하면 못에 박힌 손목과 발을 움직여 몸을 밀어 올리고 늘어뜨리는 상황이 반복되었을 것이라는 것입니다. 그러다 숨이 막혀 죽음에 이른다는 것입니다. 그 후 죽음을 확인하기 위하여 군인들이 예수 옆구리에 창을 찔렀을 때 물과 피가 쏟아져 나왔다고 성경은 기록하는데 이에 대하여 매드럴 박사는 '심낭삼출'(심장 주위에 있는 막 조직에 액체가 고이는)이라고 설명하면서 이것은 절대 속일 수 없는 '질식사의 결과'라는 의학적 소견을 밝힙니다(리 스트로벨, 『예수는 역사다』, 두란노, 261-262쪽).

예수 죽음의 세밀한 묘사는 요한복음에만 나오는데 그것은 영지주의자들의 가현설(docetism)을 의식하여 예수의 완전한 인간이심을 강조한 것임을 알 수 있습니다.

* 묵상질문

예수님은 숨이 막힌 채 물과 피를 쏟으시며 죽으셨습니다. 우리를 위해서였습니다. 절대 잊어서는 안 됩니다.

내가 예수의 제자다

* Lexio 읽기 / 요한복음 19:38-42

가능하면 오늘의 본문을 먼저 읽는 것이 좋지만 바로 아래 글을 읽어도 좋습니다. 충분히 본문을 이해하도록 배려하며 글을 썼습니다. 혹시 본문을 읽으신 분은 감동이 오는 말씀이나 단어 혹은 느낌을 간단히 적으시면 좋습니다.

"예수께서 신 포도주를 받으신 후에 이르시되 다 이루었다 하시고 머리를 숙이니 영혼이 떠나가시니라"(요19:30)

겉으로 보기에는 대제사장들과 종교 세력의 완벽한 승리였습니다. 예수는 하나님께 저주받아 죽은 자였습니다. 그래서 제자들은 유대인들이 두려워 숨고 도망쳤습니다. 그러나 주님은 구속 사역을 십자가에서 다 이루신 것이었습니다. 새로운 역사가 시작되는 순간이었습니다.

하지만 육체적으로는 비참한 모습이었습니다. 예수님의 시신이 십자가에 매달려 있었기 때문입니다. 아무도 수습하지 않으면 독수리 같은 새 떼가 시신을 훼손했을 것입니다. 그때 나타난 사람이 아리마대 요셉입니다. 금요일 저녁 그가 빌라도에게 가서 "당돌히"(막15:43) 시체를 거두겠다고 요청합니다. 알다시피 예수님은 유대인의 왕이라는 반란 음모죄로 처형된 것이어서 쉽지 않은 상황이었습니다. 사실 그동안 아리마대 요셉은 자신이 주를 따르는 제자라는 것을 유대인들에게 숨기고 있었습니다. 그들이 두려웠기 때문입니다. 자신을 숨기고 예수를 따르는 삶을 살았습니다. 그런데 그가 나타난 것입니다.

"그 후에 아리마대 사람 요셉이 빌라도에게 예수님의 시체를 가져가게 해 달라고 요구하였다. 요셉은 예수님의 제자이면서도 유대인 지도자들이 두려워서 자기가 제자라는 것을 숨기고 있었다. 빌라도가 허락하자 그는 가서 예수님의 시체를 내렸다."

(현대인의성경/요19:38)

그곳에 또 한 사람이 있었습니다. 바로 니고데모입니다. 니고데모는 예수님의 시신에 바를 몰약과 침향 섞은 것 100근을 가지고 나옵니다. 모두가 숨어있던 그때 그 역시 담대하게 나타난 것입니다. 이렇게 두 사람이 예수님의 장례를 치릅니다.

"이에 예수의 시체를 가져다가 유대인의 장례 법대로 그 향품과 함께 세마포로 쌌더라"(요19:40)

아무도 얼씬하지 못하던 자리에 있었던 사람은 아리마대 요셉과 니고데모, 사회적인 지위를 가진 공의회 의원들이었습니다. 당돌한 사람들, 결정적 순간에 위험을 무릅쓰고 그들은 주님의 제자임을 드러낸 것입니다.

* 묵상질문

세상이 무시할 수 없는 힘과 영향력을 지닌 크리스천이 되는 것 못지않게 주의 제자임을 드러낼 수 있는 용기 있는 크리스천이야 합니다. 절대로 놓치지 마십시오.

제 11 부

기독교의 비밀

집으로 돌아갔다

* Lexio 읽기 / 요한복음 20:1-10
가능하면 오늘의 본문을 먼저 읽는 것이 좋지만 바로 아래 글을 읽어도 좋습니다. 충분히
본문을 이해하도록 배려하며 글을 썼습니다. 혹시 본문을 읽으신 분은 감동이 오는 말씀이
나 단어 혹은 느낌을 간단히 적으시면 좋습니다.

> "안식 후 첫날 일찍이 아직 어두울 때에 막달라 마리아가 무덤에
> 와서 돌이 무덤에서 옮겨진 것을 보고"(요20:1)

예수님의 부활, 그것은 인류적 사건이었고 모든 시간을 초월한 엄청
난 우주적 사건이었습니다. 예수님의 부활은 죄로 인해 죽게 된 우리
가 더 이상 죄로 인한 죽음의 권세에 지배를 받지 않는다는 것을 드러
내는 사건이었습니다.

막달라 마리아를 중심으로 기록한 요한복음과 달리 다른 복음서들
은 안식 후 첫날 아침, 그러니까 주님이 부활하신 아침에 막달라 마리
아, 야고보의 어머니 마리아 그리고 살로메(막16:1)가 예수님의 무덤
을 찾았다고 기록합니다. 예수님의 몸에 향품을 바르기 위해서였습니
다. 하지만 이미 예수님은 부활하셨습니다. 아무도 없는 빈 무덤이었
습니다. 빈 무덤으로 인해 당황하는 여인들에게 천사가 나타나 예수님
의 부활을 설명합니다(마28:5-7; 막16:5-7; 눅24:4-8). 천사는 제자
들에게 이 사실을 알릴 것을 요청하였습니다. 이전에 주님께서 부활
후 갈릴리에서 만나기로 제자들과 약속하셨었기 때문입니다.

"가서 그의 제자들과 베드로에게 이르기를 예수께서 너희보다 먼
저 갈릴리로 가시나니 전에 너희에게 말씀하신 대로 너희가 거
기서 뵈오리라 하라"(막16:7)

이 같은 소식을 들은 제자들이 빈 무덤을 찾습니다. 하지만 빈 무덤
으로 설명되는 예수님의 부활을 제자들은 믿지 못합니다. 더욱이 주님
께서 '갈릴리로 가리라'라는 천사의 이야기를 들었음에도 아무 반응을
하지 못합니다. 누가복음은 "그 된 일을 놀랍게 여기며 집으로 돌아가
니라"(눅24:12)라고 기록하고 있고, 요한복음은 이렇게 기록합니다.

"그들은 성경에 그가 죽은 자 가운데서 다시 살아나야 하리라 하
신 말씀을 아직 알지 못하더라"(요20:9)

요한복음은 이어서 더 적나라하게 기술합니다.

"이에 두 제자가 자기들의 집으로 돌아가니라"(요20:10)

'집으로 돌아갔다.' 제자들은 최소한의 합리적인 질문과 의심을 하지
도 않았습니다. 그들이 그동안 보였던 믿음이 얼마나 가벼운 것인지를
드러내는 순간이었습니다.

* 묵상질문
우리 믿음은 매일 새로워져야 하고 성숙으로 나아가야 합니다. 그러므로 수련을 멈춰서는
안 됩니다.

그 사랑이 아름답기 때문에

* Lexio 읽기 / 요한복음 20:11-18
가능하면 오늘의 본문을 먼저 읽는 것이 좋지만 바로 아래 글을 읽어도 좋습니다. 충분히 본문을 이해하도록 배려하며 글을 썼습니다. 혹시 본문을 읽으신 분은 감동이 오는 말씀이나 단어 혹은 느낌을 간단히 적으시면 좋습니다.

> "가서 그의 제자들과 베드로에게 이르기를 예수께서 너희보다 먼
> 저 갈릴리로 가시나니 전에 너희에게 말씀하신 대로 너희가 거
> 기서 뵈오리라 하라"(막16:7)

천사는 막달라 마리아와 여인들에게 예수님께서 제자들에게 약속하셨던 갈릴리로 먼저 가 계실 것이라고 알려줍니다. 그 말에 따르면 주님은 갈릴리로 바로 가시면 되었습니다. 그런데 요한복음은 주님의 이상한 행보를 기록합니다. 예수님이 매우 개인적인 모습으로 막달라 마리아에게 나타나신 것입니다.

> "이에 두 제자가 자기들의 집으로 돌아가니라 마리아는 무덤 밖
> 에 서서 울고 있더니... 예수께서 마리아야 하시거늘 마리아가
> 돌이켜 히브리 말로 랍오니 하니"(요20:10-11,16)

마가복음은 더욱 치명적인 기록을 적고 있습니다.

> "예수께서 안식 후 첫날 이른 아침에 살아나신 후 전에 일곱 귀신

을 쫓아내어 주신 막달라 마리아에게 먼저 보이시니"(막16:9)

예수님은 갈릴리로 가시는 것보다 "먼저" 막달라 마리아에게 자신을 보이셨습니다. 여기서 "먼저"라고 번역된 단어 헬라어 '프로톤'은 '무엇보다도 먼저, 처음으로'라는 의미를 갖습니다. 그래서 쉬운 성경은 "제일 먼저"로, 우리말 성경과 새번역에서는 "맨 처음으로"라고 번역하였습니다.

주님은 매우 의도적으로 막달라 마리아에게 나타나신 것입니다. 여전히 그곳을 떠나지 못하고 "무덤 밖에 서서 울고"(요20:11) 있는 마리아를 그냥 두고 볼 수 없었던 것입니다. 그토록 사랑하는 자를 보면서 다른 사람은 몰라도 마리아에게만큼은 자신의 부활을 알려주고, 보여주고 싶었던 것인지도 모릅니다. 그 사랑을 알기 때문이고 그런 마리아를 사랑하시기 때문일 것입니다. 이전에 약속하신 대로 말입니다.

"나를 사랑하는 자는... 나도 그를 사랑하여 그에게 나를 나타내리라"(요14:21)

* 묵상질문
우리가 주님을 만나지 못하는 이유는 사랑이 부족한 까닭일 것입니다. 이불을 눈물로 적실만큼 사랑하는 마음이 없기 때문일 것입니다. 그렇지 않습니까?

주님은 급하셨다

* Lexio 읽기 / 요한복음 20:19-23

가능하면 오늘의 본문을 먼저 읽는 것이 좋지만 바로 아래 글을 읽어도 좋습니다. 충분히 본문을 이해하도록 배려하며 글을 썼습니다. 혹시 본문을 읽으신 분은 감동이 오는 말씀이나 단어 혹은 느낌을 간단히 적으시면 좋습니다.

"안식일 다음날 저녁에 제자들은 유다인들이 무서워서 어떤 집에
모여 문을 모두 닫아걸고 있었다. 그런데 예수께서 들어오셔서"

(공동번역/요20:19)

"문을 모두 닫아걸고" 있었는데 주님께서 오셨다는 것은 꽁꽁 닫은 문을 뚫고 들어오셨다는 것입니다. 제자들의 동의를 구하지 않고 일방적으로 말입니다. 사실 제자들은 두려움으로 거의 패닉 상태에 빠져 있었습니다. 무슨 의지적 결단을 할 수 있는 상태도 아니었습니다. 그래서 주님이 이처럼 일방적으로 찾아오신 것입니다. 이것이 우리 신앙의 근거가 되는 주님의 의외성입니다. 이 같은 주님 때문에 제자들은 기쁜 동시에 자신들의 행동 때문에 두려웠을 것입니다. 이때 제자들에게 하신 말씀은 평강이었습니다.

"제자들이 유대인들을 두려워하여 모인 곳의 문들을 닫았더니 예
수께서 오사 가운데 서서 이르시되 너희에게 평강이 있을지어다
이 말씀을 하시고 손과 옆구리를 보이시니 제자들이 주를 보고
기뻐하더라"(요20:19-20)

공동번역성경은 20절을 "그리고 나서"라고 번역하면서 평강을 구한 후 손과 옆구리를 보이신 것으로 해석하지만, 헬라어 성경은 '말씀을 하신 것'과 '보이신 것' 모두 과거 능동태로 썼습니다. 그러므로 이 구절은 예수님께서 그곳에 나타나실 때 말씀하시면서 손과 옆구리를 동시에 보이셨다고 번역해야 옳습니다.

"이 말씀을 하시면서 손과 옆구리를 보이셨다."(하정완의역/요20:20)

주님은 급하셨던 것입니다. 한시라도 빨리 자신의 부활을 확인시켜 주고 싶으셨던 것입니다. 그래서 제자들에게 평강을 구하면서 동시에 손과 옆구리를 보이신 것입니다. 그리고 이어진 것은 평강을 거듭 구하는 것과 함께 사명의 확인이었습니다. 그것이 용서의 가장 적극적인 표현임은 말할 것도 없습니다.

"예수께서 또 이르시되 너희에게 평강이 있을지어다 아버지께서
나를 보내신 것 같이 나도 너희를 보내노라"(요20:21)

* 묵상질문
언제나 주님은 우리의 처지를 먼저 살피십니다. 배신하고 부인하고 저주하여 숨은 제자들에게 드러내신 모습이 그것을 확인해 줍니다. 어떤 생각이 드십니까?

_____

_____

기독교의 비밀

* Lexio 읽기 / 요한복음 20:19-23
가능하면 오늘의 본문을 먼저 읽는 것이 좋지만 바로 아래 글을 읽어도 좋습니다. 충분히 본문을 이해하도록 배려하며 글을 썼습니다. 혹시 본문을 읽으신 분은 감동이 오는 말씀이나 단어 혹은 느낌을 간단히 적으면 좋습니다.

"예수께서 오사 가운데 서서 이르시되 너희에게 평강이 있을지어다"(요20:19)

주님은 두려워하는 제자들에게 먼저 평강을 구하며 인사하셨습니다. 주의 평강은 분명 두려움에 싸여 있던 제자들에게 말할 수 없는 위로가 되었을 것입니다. 그렇다면 이것으로 끝입니까? 아무리 제자들의 평안을 구하여도 그들에게 여전히 외적인 두려움의 요소는 남아있었습니다. 결국 주님께서 제자들에게 구한 평안은 외적 요소와 연관된 평안이 아니었습니다. 그것은 본문을 자세히 읽어보면 보입니다. 그 평안은 하나님의 사명을 가진 자들에게 주어지는 평안이었습니다. 그래서 주님은 평안을 구하고 난 후에 사명을 말씀하신 것입니다.

"너희에게 평강이 있을지어다 아버지께서 나를 보내신 것 같이 나도 너희를 보내노라"(요20:21)

단순한 복락과 번영을 위한 것이 아니라 사명을 위한 것이었습니다. 그래서 주님이 찾아오신 것입니다. 후에 구체적으로 지상명령을 주셨고 그것을 행할 수 있도록 성령을 약속하십니다. 그렇기에 우리가 사명을 감당할 때 성령께서 함께 역사하실 뿐만 아니라 평안이 임하는 것입니다. 그 간절함으로 주님은 파송 명령을 내리신 후 제자들에게 성령을 받으라고 말씀하십니다.

> "이 말씀을 하시고 그들을 향하사 숨을 내쉬며 이르시되 성령을 받으라"(요20:22)

혹 우리에게 평안이 없다면 그것은 사명의 상실과 관계있습니다. 주님은 분명 우리에게도 평안을 주시지만, 그 평안의 지속은 사명을 감당할 때 이뤄지기 때문입니다. 성령이 역사하시기 때문입니다.

> "오직 성령이 너희에게 임하시면 너희가 권능을 받고 예루살렘과 온 유대와 사마리아와 땅 끝까지 이르러 내 증인이 되리라"(행1:8)

성령, 사명, 권능은 모두 같은 선상에 있습니다. 동시에 평화가 임합니다. 그것이 이천 년 동안 모든 환난과 위기를 극복하고 걸어온 기독교의 비밀입니다.

* 묵상질문
만일 능력도 없고 평안도 없다면 사명의 부재 때문입니다. 그때 반드시 사명을 점검해 보십시오.

우리가 믿는 것이 중요하다

* Lexio 읽기 / 요한복음 20:24-31

가능하면 오늘의 본문을 먼저 읽는 것이 좋지만 바로 아래 글을 읽어도 좋습니다. 충분히 본문을 이해하도록 배려하며 글을 썼습니다. 혹시 본문을 읽으신 분은 감동이 오는 말씀이나 단어 혹은 느낌을 간단히 적으시면 좋습니다.

> "열두 제자 중의 하나로서 디두모라 불리는 도마는 예수께서 오
> 셨을 때에 함께 있지 아니한지라"(요20:24)

다른 복음서와 달리 요한이 집중한 것은 막달라 마리아의 경우와 마찬가지로 도마에게도 보이신 예수님의 개인적인 모습입니다. 요한은 예수님께서 제자들에게 찾아오셨을 때, 그 자리에 없었던 도마를 위해서 다시 나타나신 사건을 기록합니다. 매우 우주적 사건으로 시작한 복음서에는 매우 개인적인 사건들이 가득합니다. 감동적입니다.

부활하신 후 제자들을 찾아간 그 자리에 도마가 없었다는 것은 보는 관점에 따라서 중요하지 않을 수 있습니다. 왜냐하면 지금 주님에게 중요한 것은 구원 사역이 퍼져나가는 것이기에 한 사람, 한 사람에게 매일 수 없기 때문입니다. 더욱이 도마는 매우 극단적인 발언과 행동을 한 인물이었습니다.

> "다른 제자들이 그에게 이르되 우리가 주를 보았노라 하니 도마
> 가 이르되 내가 그의 손의 못 자국을 보며 내 손가락을 그 못 자

국에 넣으며 내 손을 그 옆구리에 넣어 보지 않고는 믿지 아니하
겠노라"(요20:25)

그런데 예수님이 여드레 후에 나타나셨습니다. 오직 도마만을 위한
것이었습니다. 기록을 보면 다른 제자들에게는 관심이 없으셨던 것 같
습니다. 바로 도마에게 다가가셨기 때문입니다. 예수님은 다 듣고 계
셨고 다 기억하고 계셨으며 세밀히 생각하고 계셨다는 것을 증명하는
말씀을 하십니다.

"네 손가락을 이리 내밀어 내 손을 보고 네 손을 내밀어 내 옆구
리에 넣어 보라 그리하여 믿음 없는 자가 되지 말고 믿는 자가
되라"(요20:27)

주님에게 중요한 것은 도마가 믿는 것이었습니다. 그가 믿는다면 체
면이 구겨져도 아무 상관없다는 것을 보여주신 것입니다. 주님은 우리
가 믿을 수 있다면 무엇이든 하실 것입니다. 흔들리지 마십시오. 이 세
상에 구원받을 사람이 나 혼자일지라도 주님은 기꺼이 십자가로 걸어
가실 것이고 나를 만나러 오실 것이기 때문입니다. 아멘!

* 묵상질문
이 놀라운 사실을 믿으십니까? 그렇다면 힘을 내시고 끝까지 포기하지 말고 걸어가십시
오.

부르심의 소멸

* Lexio 읽기 / 요한복음 21:1-3
가능하면 오늘의 본문을 먼저 읽는 것이 좋지만 바로 아래 글을 읽어도 좋습니다. 충분히
본문을 이해하도록 배려하며 글을 썼습니다. 혹시 본문을 읽으신 분은 감동이 오는 말씀이
나 단어 혹은 느낌을 간단히 적으시면 좋습니다.

> "너희에게 평강이 있을지어다 아버지께서 나를 보내신 것 같이
>
> 나도 너희를 보내노라"(요20:21)

주님은 제자들의 잘못을 따지지 않으시고 파송 명령을 내리심으로
기회를 주셨었습니다. 다시 할 수 있었습니다. 기회였습니다. 분명 그
들은 만회하려고 다짐했을 것입니다. 하지만 그 마음은 곧 식었습니
다. 요한복음은 그것을 "그 후에"(요21:1)라고 표현했습니다. 여기서
"그 후"는 도마를 만난 사건 후를 말합니다.

> "시몬 베드로와 디두모라 하는 도마와 갈릴리 가나 사람 나다나
>
> 엘과 세베대의 아들들과 또 다른 제자 둘이 함께 있더니 시몬 베
>
> 드로가 나는 물고기 잡으러 가노라 하니 그들이 우리도 함께 가
>
> 겠다 하고 나가서"(요21:2-3)

여기서 주목할 제자 두 명이 등장합니다. 예수님을 저주하고 부인하
였던 베드로와 바로 얼마 전에 요란을 떨었던 도마입니다. 그들이야말
로 제일 먼저 파송 명령을 좇아 복음 사역으로 나아가야 했지만 이상

하게도 그들은 고기를 잡으러 앞장서서 나갑니다. 이 둘은 제자들 중에서 부활의 감동에 가장 깊이 참여하였고, 주님의 은혜를 가장 깊이 경험한 사람들이었는데 말입니다. 소용이 없었습니다.

왜 그렇습니까? 언제나 아쉬운 부분이지만 그들은 사명만 가지고 살 수 없었습니다. 그들에게는 사명보다 떡이 더 필요했던 것입니다. 아직 사명은 이차적인 것이었습니다. 우리도 마찬가지입니다. 사명은 언제나 이차적입니다.

대부분의 크리스천들에게 사명은 나의 삶보다 우선순위가 되지 않습니다. 다음 순위로 밀립니다. 그래서 우리 안에 부르심도 있고 그 부르심을 좇아 살만한 성령의 임재를 경험함에도 불구하고 이상하게 우리의 눈과 관심은 사명보다 삶입니다. 삶의 문제가 해결된 후에야 사명을 생각합니다. 그것이 일반적입니다. 베드로와 제자, 그들도 마찬가지였습니다. 그 지점에서 사명을 잃었습니다. 부르심의 소멸이 옵니다. 존재의 목적이 사라진 크리스천으로 전락하는 이유입니다.

* 묵상질문
혹시 무기력한 자신을 만나고 있다면 부르심의 소멸과 관계있습니다. 다시 그 부르심을 생각하셔야 합니다.

포기하신 적이 없으시다

* Lexio 읽기 / 요한복음 21:4-7
가능하면 오늘의 본문을 먼저 읽는 것이 좋지만 바로 아래 글을 읽어도 좋습니다. 충분히 본문을 이해하도록 배려하며 글을 썼습니다. 혹시 본문을 읽으신 분은 감동이 오는 말씀이나 단어 혹은 느낌을 간단히 적으시면 좋습니다.

"시몬 베드로가 나는 물고기 잡으러 가노라 하니 그들이 우리도
함께 가겠다 하고 나가서"(요21:3)

아무리 사명이 있어도, 아무리 기막힌 은혜를 경험해도 소용없습니다. 베드로와 도마의 행보가 그것을 증명합니다. 우리의 사명과 은혜는 아무것도 아닙니다. 훈련되지 못한 육체와 정신을 가진 우리의 사명과 은혜는 꿈같은 것에 불과합니다.

그래서 베드로와 도마가 주동이 된 제자들이 바다로 고기를 잡으러 나간 것입니다. 하지만 공교롭게도 고기를 한 마리도 잡을 수가 없었습니다. 그들이 원하는 대로 되지 않았습니다. 이상한 일이었습니다. 나중에 예수님께서 나타나셔서 고기를 잡게 하신 것을 보면 그들이 고기를 잡을 수 없었던 것은 예수님 때문이었는지도 모릅니다.

예수님이 고기를 잡을 수 없도록 막으셨다고 하면, 그 순간 우리는 당황할 수 있습니다. 우리의 삶에 가끔 벌어지는 어렵고 힘든 상황이 주님의 개입으로 생각되기 때문입니다.

물론 그럴 수 있습니다. 그러나 대부분의 경우는 그렇지 않습니다. 오히려 오늘의 본문과 같은 개입은 특별한 것입니다. 만약 그렇게 주님이 개입하신 경우라면 보통 관계가 아니기 때문입니다. 아무에게나 그런 개입으로 우리의 삶에 문제를 일으키지 않으십니다. 특별해야 합니다. 베드로, 도마를 비롯한 제자들과 주님의 관계는 보통 관계가 아니었습니다.

그들은 밤이 새도록 그물을 던졌지만 고기를 잡을 수 없었습니다. 눈이 시뻘게진 아침에 주님이 나타나셨습니다. 그들과 대화를 나누시는 주님을 제자들은 알아차리지 못했습니다. 그들은 비몽사몽하며 "그물을 배 오른편에 던지라"(요21:6)라는 말씀을 따릅니다. 그때 그들은 그물을 들 수 없을 만큼 많은 고기를 잡는 기적을 만납니다. 그제야 예수이신 것을 압니다. "예수께서 사랑하시는 그 제자"(요21:7) 요한이 먼저 알아차렸고 베드로가 그 소리를 듣고 바다로 뛰어내립니다. 사실 베드로와 제자들은 늘 이렇게 살았습니다. 주도적으로 예수님을 믿고 좇고 행동하지 못했습니다. 하지만 중요한 것은 주님이 기다리고 계시다는 것입니다. 포기하신 적이 없으신 주님, 감사합니다. 주님!

* 묵상질문
주님이 우리를 포기하신 적이 없습니다. 지금도 우리에게 찾아오셔서 역사하고 계십니다. 늘 주의하셔야 합니다.

애들아 밥 먹자

* Lexio 읽기 / 요한복음 21:8-14

가능하면 오늘의 본문을 먼저 읽는 것이 좋지만 바로 아래 글을 읽어도 좋습니다. 충분히 본문을 이해하도록 배려하며 글을 썼습니다. 혹시 본문을 읽으신 분은 감동이 오는 말씀이나 단어 혹은 느낌을 간단히 적으시면 좋습니다.

> "예수께서 사랑하시는 그 제자가 베드로에게 이르되 주님이시라
> 하니 시몬 베드로가 벗고 있다가 주님이라 하는 말을 듣고 겉옷
> 을 두른 후에 바다로 뛰어 내리더라"(요21:7)

베드로는 바다로 뛰어들면서 자신의 보잘것없음과 수치심에 부끄러웠을 것입니다. 그런데 주님은 베드로와 제자들을 위해 아침을 준비하고 계셨습니다.

> "육지에 올라보니 숯불이 있는데 그 위에 생선이 놓였고 떡도 있
> 더라"(요21:9)

밤새도록 아무것도 먹지 못해 허기졌을 제자들을 위해서였습니다. 말하지 않아도 그것은 '괜찮다'라는 메시지였습니다. 그것만이 아니었습니다. 주님을 보며 무척 부끄러웠을 그들에게 충격적인 말씀을 하십니다.

> "지금 잡은 생선을 좀 가져오라"(요21:10)

비록 고기를 잡게 하신 분은 주님이셨지만 고기는 제자들의 부끄러움이었습니다. 고기는 주님이 주신 사명을 좇아 행하지 못했다는 증거였기에 제자들은 어쩌면 그 고기들을 다시 바다로 돌려보내고 싶었을지도 모릅니다. 이런 생각이 들 정도로 그들의 수고는 의미 없었습니다. 그들의 행위는 정말 한심했습니다. 그런데 주님이 말씀하신 것입니다. "가져오라."

왜 그렇게 말씀하신 것입니까? 주님은 제자들이 상처 입은 상태라는 것을 알고 계셨던 것입니다. 자책감을 갖고 있는 그들을 치료하고 위로하며 격려하는 것이 우선임을 알고 계셨던 것입니다. 그들이 주님의 명령을 지킬 수 있는지의 부분도 이차적이었습니다. 주님의 관심사는 그저 제자들의 영혼이었습니다. 그래서 주님은 먼저 제자들을 배려하신 것입니다. 그리고 정말 아름다운 초청을 하셨습니다.

"와서 아침을 들어라."(공동번역/요21:12)

어떤 이유든지 지친 제자들을 먼저 먹이셨습니다. 주님은 늘 그렇게 우리를 위하시는 분입니다. 정말 좋지 않습니까? 기분이 좋습니다!

* 묵상질문
그저 주님의 밥상으로 나와 그분의 위로를 받을 준비가 되어 있습니까?

완벽이 아니라 전부

* Lexio 읽기 / 요한복음 21:15-17
가능하면 오늘의 본문을 먼저 읽는 것이 좋지만 바로 아래 글을 읽어도 좋습니다. 충분히
본문을 이해하도록 배려하며 글을 썼습니다. 혹시 본문을 읽으신 분은 감동이 오는 말씀이
나 단어 혹은 느낌을 간단히 적으시면 좋습니다.

> "와서 조반을 먹으라"(요21:12)

기막히게 아름다운 아침을 먹은 후, 주님이 드디어 말씀을 꺼내셨습
니다. 베드로에게는 가슴 아픈 이야기였습니다.

> "요한의 아들 시몬아 네가 이 사람들보다 나를 더 사랑하느냐"
> (요21:15a)

베드로에게 이 물음이 아픈 이유는 어느 누구보다도 주님을 더 사랑
한다고 자신하며 "모두 주를 버릴지라도 나는 결코 버리지 않겠나이
다"(마26:33)라고 외쳤지만 실제는 부인했던 기억 때문입니다. 그런데
주님이 '이 사람들보다 더 사랑하느냐'라고 물으신 것입니다. 지금의
베드로는 주님께 자신 있게 대답할 수 없었습니다. 개역개정에는 "주
님 그러하나이다 내가 주님을 사랑하는 줄 주님께서 아시나이다"(요
21:15)라고 쓰여 있지만, 헬라어 성경으로 읽어보면 주님이 말씀하실
때 쓰신 '사랑'이라는 단어는 신적인 사랑을 말하는 '아가페'라는 단어
이고, 베드로가 대답한 '사랑'이란 단어는 우정 같은 사랑을 표현할 때

쓰는 '필리아'였습니다. 의역하면 이런 뜻입니다.

> "예. 제가 주님을 언제든지 무너질 수 있는 인간적인 우정 정도의
> 사랑으로 사랑하고 있음을 주님이 알고 계십니다."(하정완의역)

이것이 진정 베드로가 할 수 있는 대답이었습니다. 그럼에도 주님은 "내 어린 양을 먹이라"라는 사명을 주시며 계속 대화를 이어가셨습니다. 그런데 반복된 주님의 마지막 질문이 베드로를 매우 괴롭게 합니다. 주님께서 세 번을 마지막으로 "사랑하느냐" 물어보실 때 '아가페' 사랑으로 묻지 않으시고 '필리아' 사랑으로 물으셨기 때문입니다.

주님은 '아가페'가 아니라 '필리아' 사랑이라도 좋다고 말씀하신 것입니다. 두 렙돈을 바친 과부처럼 그것이 전부이기 때문입니다. 다윗이 밧세바를 범한 후처럼 완전히 파괴된 베드로였지만 하나님께서 원하시는 것은 '상한 심령'이기 때문입니다. 그것이 진실이고 전부이기 때문입니다. 주님은 완벽(perfect)을 원하신 것이 아니라 전부(all)를 원하신 것입니다. 그것이 상처 입고 부서진 것일지라도 말입니다.

* 묵상질문
완벽을 바라시지 않습니다. 모자라도 우리의 전부를 원하십니다. 나의 전부를 드릴 수 있습니까?

- -

- -

내게 주신 사명에 집중하라

* Lexio 읽기 / 요한복음 21:18-22
가능하면 오늘의 본문을 먼저 읽는 것이 좋지만 바로 아래 글을 읽어도 좋습니다. 충분히 본문을 이해하도록 배려하며 글을 썼습니다. 혹시 본문을 읽으신 분은 감동이 오는 말씀이나 단어 혹은 느낌을 간단히 적으시면 좋습니다.

조반 먹은 후 시작된 베드로와의 대화 끝에서 주님은 베드로의 앞날을 암시하는 예언을 하셨습니다.

> "내가 진실로 진실로 네게 이르노니 네가 젊어서는 스스로 띠 띠
> 고 원하는 곳으로 다녔거니와 늙어서는 네 팔을 벌리리니 남이
> 네게 띠 띠우고 원하지 아니하는 곳으로 데려가리라"(요21:18)

"베드로가 어떠한 죽음으로 하나님께 영광을 돌릴 것"(요21:19)인지를 암시하는 말씀이었습니다. 이 말씀을 하신 후 주님은 베드로에게 요청하셨습니다.

> "나를 따르라"(요21:19)

하지만 베드로는 마음이 시원하지 않았습니다. 두려움이 그를 사로잡았습니다. 그때 옆에 있던 요한이 보였습니다. 갑자기 베드로는 그가 어떻게 될지 궁금해졌습니다. 엄밀하게 말하면 '예수님이 사랑하시는 제자'에게도 지금 자신에게 말씀하신 그 같은 어려움을 허락하실

것인가 하는 의문이 들었던 것 같습니다.

> "주님 이 사람은 어떻게 되겠사옵나이까"(요21:21)

예수님은 베드로의 질문에 별 반응을 보이지 않으셨습니다. 오히려 네가 상관할 일이 아니라고 말씀하셨습니다. 그동안 베드로는 사람들의 시선을 의식하고 움직였습니다. 지금 베드로는 겟세마네 동산에서 예수님이 체포되신 후 "멀찍이" 그를 따를 때 취하던 태도를 다시 보인 것입니다. 반응을 보고 행동하겠다는 의도였습니다. 하지만 주님의 부르심은 베드로를 향한 절대적인 부르심이었습니다.

> "내가 올 때까지 그를 머물게 하고자 할지라도 네게 무슨 상관이
>   냐 너는 나를 따르라"(요21:22)

다른 사람을 볼 필요가 없었습니다. 그런데 베드로가 요한을 힐끔 쳐다본 것입니다. 그러나 주님은 정확하게 베드로를 부르셨습니다. 모든 크리스천들은 언제나 절대적으로 주님을 바라보는 신앙이어야 합니다. 오로지 "믿음의 주요 또 온전하게 하시는 이인 예수"(히12:2)를 신뢰하며 말입니다.

---

* 묵상질문

다른 사람을 쳐다볼 필요가 없습니다. 주님은 바로 나를 부르고 계시기 때문입니다. 오직 주를 집중하십시오.

주님이 앞에 섰을 때

* Lexio 읽기 / 요한복음 21:23-25
가능하면 오늘의 본문을 먼저 읽는 것이 좋지만 바로 아래 글을 읽어도 좋습니다. 충분히 본문을 이해하도록 배려하며 글을 썼습니다. 혹시 본문을 읽으신 분은 감동이 오는 말씀이나 단어 혹은 느낌을 간단히 적으시면 좋습니다.

"내가 올 때까지 그를 머물게 하고자 할지라도 네게 무슨 상관이 냐 너는 나를 따르라"(요21:22)

마지막 날 우리가 주님 앞에 섰을 때 주님이 물으실 것입니다. '너는 인생을 어떻게 살았느냐?' 그때 무엇이라고 대답하시겠습니까? 혹시 이렇게 대답하시겠습니까?

'사람들의 뒤를 따랐습니다. 그들을 보면서 무엇을 먹을까 마실까 입을까 신경 썼습니다. 사람들이 좋다고 말하는 가치를 따라 살았습니다. 그것을 위해 인생을 사용했습니다. 좋은 차, 집, 생활환경 그리고 다른 사람들의 시선을 따라 행동했습니다. 가끔 하나님을 믿는 것이 나의 소원을 이루는 것에 도움이 된다고 생각했습니다. 그렇게 살았습니다.'

주님이 하정완 목사에게 '너는 인생을 어떻게 살았느냐?' 물으실 때 저는 이렇게 대답하고 싶습니다.

'오직 주만 바라보며 주를 위해 살려고 힘쓰다가 왔습니다. 오직 주를 위해 먹었고 오직 주를 위해 일했습니다. 다른 사람들이 가는 길은 바라보지 않았습니다. 저의 관심사는 주님이었습니다. 주님 때문에 행복했고 주님 때문에 세상을 보며 울었습니다. 오직 주를 위해 살고자 했습니다. 오직 주님만이 저의 전부였습니다.'

이렇게 살았다는 뜻이 아니라 이렇게 살고 싶기 때문입니다. 여러분은 무엇이라 대답하고 싶으십니까?

---

* 묵상질문
요한복음 묵상을 마치면서 느낀 소감을 한마디로 정리해서 적어보십시오

요한복음 이야기
우리의 믿음을 위하여

책이든 편지든 혹은 영화든, 모든 이야기는 '처음'을 어떻게 시작할지에 집중합니다. 이미 말하고 싶은 주제를 마음속에 담고 그것을 말하기 위하여 첫 시작을 쓰기 때문입니다. 그러므로 서문은 이미 전체 이야기를 다 담고 있다고 해도 틀리지 않습니다.

우선 요한복음의 저자를 성경은 '예수가 사랑하시는 자'(요13:23; 19:26; 20:2; 21:7,20)로 기술하고 있습니다. 제자 중에 예수님이 사랑하시던 자는 대표적으로 베드로, 야고보, 요한으로 집약되지만 일단 베드로는 제외됩니다. 만찬 석상에 예수님이 자신을 팔 자를 언급한 것과 관련하여 베드로가 '예수의 사랑하시는 자'에게 물어보는 장면이 나오기 때문입니다. 역시 야고보도 제외됩니다. 일반적으로 요한복음은 사복음서 중에서 제일 늦게 기록된 책으로 80~90년 경 기록된 것으로 보이는데, 야고보는 초대교회 초기에 일찍 순교했기 때문입니다(행 12:1-2).

"이단 논박"(Against Heresies)을 쓴 이레네우스는 사도 요한의 제자였던 폴리캅의 제자였는데, 그는 이단 논박에서 요한을 복음서의 저자라고 밝히며 로마 황제 트라잔 시대까지 요한이 에베소에서 살았다고 기록하고 있습니다. 그렇다면 헬라 세계의 중심도시 중의 하나인 에베소에서 요한은 심각한 철학적, 신학적 질문을 받았을 것으로 생각됩니다. 그런 관점에서 보면 다른 복음서와 달리 요한복음은 유난히 철학적이며 신학적인 주제로 시작합니다. 해석이 필요하다는 점에서 그렇습니다. 그러므로 요한복음 1장 1-18절까지의 해석 여부가 요한복음 전체를 읽는 중요한 열쇠가 되는 것을 알 수 있습니다.

말씀이 육신이 되다

'말씀이 육신이 되다.' 매우 어려운 이야기입니다. 사실 하나님의 존재를 우리는 도무지 알 수 없습니다. 우리가 인식할 수 없다는 뜻입니다. 그래서 하나님이 자신을 계시하는 방법에 집중해야 하는데 그중 대표적인 것이 '말씀으로 드러내시는 것'입니다. 즉 말씀은 하나님이 자신을 계시하실 때 택하는 방법임을 알 수 있습니다. 그러므로 말씀이 드러날 때, 놀라운 일이 벌어지는 것입니다. 요한복음은 하나님 되시는 말씀이 드러날 때 만물이 창조되었다고 말합니다. 창세기 언어로 설명하면 이렇습니다.

> "하나님이 이르시되 빛이 있으라 하시니 빛이 있었고... 하나님이
> 이르시되 천하의 물이 한 곳으로 모이고 뭍이 드러나라 하시니
> 그대로 되니라"(창1:3,9)

말씀이 드러나는 것은 창조 행위였고 그것 자체가 사건으로 나타났습니다. 그렇다면 왜 말씀이 드러날 때 이런 일이 일어나는 것입니까? 도대체 말씀이란 무엇입니까? 물론 우리가 일반적으로 알고 있는 문자 혹은 음성적인 측면에서 말씀을 이해하는 기본적인 이해 때문에 어

려울 수 있습니다. 그러나 요한복음 기자는 이러한 질문에 대하여 매우 정확하게 기술합니다.

> "태초에 말씀이 계시니라 이 말씀이 하나님과 함께 계셨으니 이 말씀은 곧 하나님이시니라 그가 태초에 하나님과 함께 계셨고 만물이 그로 말미암아 지은 바 되었으니 지은 것이 하나도 그가 없이는 된 것이 없느니라"(요1:1-3)

플라톤의 이데아

먼저 요한은 '말씀이 하나님이시다'라고 말합니다. 어떻게 말씀이 하나님이신가를 이해시키기 위하여 요한은 그 당시 지배적인 헬라 철학을 바탕으로 접근하였습니다. 그것들을 먼저 살펴야 요한복음이 잘 보입니다.

첫째는 플라톤의 이데아 사상입니다. 플라톤의 핵심 공헌은 보이지 않지만, 영원한 실재의 세계로서 이데아를 말한 것입니다. 즉 눈에 보이는 것은 일시적이고 그림자와 같은 복사품에 불과하다는 것입니다. 이와 같은 사고는 육체와 영혼의 이원론을 만들어냈고 육체적인 감각에 의해 지각되는 현상 세계와 이성에 의해서만 파악되는 이데아의 세계를 분리시킵니다. 당연히 육체를 통해 감각되는 세계는 진짜 세계일 수가 없습니다. 그래서 단순히 감각에 의존하지 않고 이성을 사용해야 한다고 주장합니다. 인간의 아름다움은 이성을 발휘해서 감각이 주는 착오에서 벗어나 이데아의 세계를 파악하는 것입니다. 이데아를 추구하는 것은 추상과 관조를 통하여 파악되는데 물질로부터 자유로워지면 인간의 이성은 참된 실재에 관심을 갖게 되기에 인간 이성은 로고스적이란 이해입니다.

스토아주의

우리가 조금 더 잘 이해하기 위하여 다음 생각해야 하는 것이 스토아학파의 로고스 개념입니다. 스토아학파에서는 우주를 지배하는 궁극적인 통일 원리를 로고스(Logos)라고 했으며, 이를 우주 이성, 세계이상이라고 불렀습니다. 그런데 중요한 것은 우주의 일부로서 인간은 누구나 선천적으로 로고스의 분신인 이성을 갖고 태어났기 때문에 우주 자연의 이치를 파악하고 이해할 수 있다는 것입니다. 따라서 인간이성과 우주의 통일 원리인 로고스를 본질적으로 같다고 보았습니다.

그리고 중요한 것은 이 로고스가 우주 안에 있는 모든 사물들에 내재해있다는 것입니다. 그러므로 로고스는 신적인 것이며 동시에 물질적 객체들, 즉 살아있는 것이나 무생물 속에서도 자신을 표현하므로 로고스는 신이며 동시에 우주로 본 것입니다(요한복음, 63쪽). 그런 관점에서 스토아철학은 범신론과 분리시킬 수 없습니다.

이런 관점에서 볼 때 우주적 이성은 그 우주정신의 한 조각인 인간의 정신 속에서 발견될 수 있다고 보았습니다. 따라서 인간이 이성적인 삶을 달성하기 위해서는 로고스를 따라서 살아야 하는 것입니다. 그래서 스토이시즘은 이성을 극히 존중하였고, 이성에 따라서 생활할 것을 강조하였습니다. 스토아학파는 우주의 자연은 욕심이 없고 그 지배원리인 로고스의 분신을 본성으로 가지고 있는 인간은 마땅히 욕구나 유혹에 동요되어서는 안 되며 이성에서 비롯되는 양심의 명령에 절대 순종해야 한다고 역설하였습니다. 철저한 극기와 금욕 및 준엄한

도덕주의를 강조하였습니다. 스토이시즘은, 인간은 시간과 공간을 초월하여 보편타당성을 갖는 자연 이치에 절대로 순응해야 한다고 강조한 것입니다.

요한의 로고스론

요한은 요한복음을 쓰면서 우리에게 이러한 사고를 토대로 매우 중요한 것을 설명한 것입니다. 우선 요한은 스토이시즘의 사고를 이용하여 설명합니다. 즉 로고스의 기본 개념에서 볼 때, 구원이란 신에 대한 지식이 충만하여 그것이 넘쳐날 지경이 되었을 때 주어지는 것이라는 주장입니다. 그러므로 분명히 로고스는 존재하며 인간은 그 로고스를 추구해야 한다는 것입니다.

그러나 이런 스토이시즘을 이용하면서도 요한은 로고스에 이르고 로고스를 추구하는 것은 우리 안에 있는 로고스의 한 조각인 인간의 이성을 통해서가 아니라, 그 로고스의 계시 안에서만 가능하다고 말합니다. 즉, 우리는 로고스가 될 수 없다는 점을 분명히 합니다. 우리는 알 수 없다는 것을 강조합니다.

알 수 없는 이유는 플라토니즘을 이용하여 설명합니다. 플라톤주의 관점에서 보면 눈에 보이는 것은 제한적이고 우리가 감각할 수 있기 때문에 진실이라고 생각하는 것은 잘못된 것이라는 이해입니다. 그러므로 우리 감성을 가지고 인식하는 것이 전부라고 생각하는 것은 잘못된 것이라고 보았는데 요한은 그것을 '깨닫지 못함'이라는 이해로 이끌어 냈습니다.

"그 안에 생명이 있었으니 이 생명은 사람들의 빛이라 빛이 어둠
에 비치되 어둠이 깨닫지 못하더라"(요1:4–5)

물론 우리의 구원은 언제나 그 로고스에 대한 지식으로 구원에 이를
수 있지만 설명한 것처럼 우리가 스스로 알 수 없습니다. 우리가 타락
하였기 때문입니다. 그래서 로고스 자신이 스스로 계시하셨는데, 즉
우리가 이해 가능한 범주인 육체로 오신 그분이 예수 그리스도인 것입
니다.

"말씀이 육신이 되어 우리 가운데 거하시매 우리가 그의 영광을
보니 아버지의 독생자의 영광이요 은혜와 진리가 충만하더라"
(요1:14)

눈에 보기에는 땅적인 것으로 보이고 그림자적인 것으로 보이지만
예수 그리스도가 로고스, 곧 하나님이신 것을 요한은 강조한 것입니
다. 하지만 우리는 도무지 이해할 수가 없습니다. 그 이유를 요한은 우
리가 '혈통이나 육정'(요1:13), 곧 땅에서 난 자들이기 때문이라고 설명
합니다. 그래서 보편적인 은혜를 넘어서는 은혜라고 요한이 말한 것입
니다.

"우리가 다 그의 충만한 데서 받으니 은혜 위에 은혜러라"(요1:16)

로고스를 따라서

이제 관건은 로고스, 곧 말씀을 듣는 것입니다. 하나님을 아는 것입
니다. 그것이 예수 그리스도를 아는 것이기 때문입니다. 말씀을 알면

예수님을 알고 예수님을 알면 하나님을 아는 진리입니다. 그러므로 예수님을 본 자는 하나님을 아는 것이라고 말합니다.

> "나를 믿는 자는 나를 믿는 것이 아니요 나를 보내신 이를 믿는
> 것이며 나를 보는 자는 나를 보내신 이를 보는 것이니라"
> (요12:44-45)

동시에 말씀은 예수님을 드러내고 하나님을 말씀합니다. 그러므로 말씀은 예수 그리스도의 임재 방식인 것입니다.

> "말씀이 육신이 되어 우리 가운데 거하시매"(요1:14)

플라톤주의에서 말하는 이데아의 실현 혹은 스토이시즘에서 말하는 로고스에 이르는 것은 영지주의적 사고로 발전되어서 인간이 지식에 이를 수 있다는 것이나 극단적인 도덕주의를 통해서가 아니라 하나님이신 예수 그리스도를 믿는 것을 통하여, 지금 예수 그리스도이신 말씀을 받는 것을 통하여 이루어진다고 요한은 말한 것입니다. 그때 우리가 하나님의 자녀로서 신적 존재에 이르게 되고 말입니다.

> "예수께서 이르시되 너희 율법에 기록된 바 내가 너희를 신이라
> 하였노라 하지 아니하였느냐 성경은 폐하지 못하나니 하나님의
> 말씀을 받은 사람들을 신이라 하셨거든"(요10:34-35)

요한복음의 첫 구절에서 '말씀이 육신이 되다'라고 밝혔듯이 말씀은 하나님을 계시한 사건입니다. 말씀은 곧 예수 그리스도이십니다. 그러므로 말씀은 그 자체로도 일하시는 것입니다.

예수의 하나님 됨

이제 요한이 강조하고 싶은 것은 예수의 하나님 됨에 대한 논증입니다. 이를 위해 요한은 두 가지 매우 중요한 방법으로 요한복음을 끌어갑니다. 첫째는 예수님의 표현 중에서 하나님이심을 논증하는 것에 주목하여 예수님의 그런 말씀을 깊이 있게 기록하고 논의합니다.

> "내가 곧 길이요 진리요 생명이니 나로 말미암지 않고는 아버지
> 께로 올 자가 없느니라 너희가 나를 알았더라면 내 아버지도 알
> 았으리로다 이제부터는 너희가 그를 알았고 또 보았느니라"
> (요14:6-7)

"너희가 나를 알았더면 내 아버지도 알았으리로다". 정말 어려운 이야기입니다. 제자들은 도무지 무슨 말인지 알 수가 없었습니다. 빌립이 당연한 질문을 던집니다. 빌립의 수준에서 던질 수 있는 질문이었습니다.

> "빌립이 이르되 주여 아버지를 우리에게 보여 주옵소서 그리하면
> 족하겠나이다"(요14:8)

이 같은 빌립의 요청에 약간은 책망하는듯한 느낌으로 앞의 말씀을 거의 반복하듯이 주님은 말씀하셨습니다.

> "예수께서 이르시되 빌립아 내가 이렇게 오래 너희와 함께 있으
> 되 네가 나를 알지 못하느냐 나를 본 자는 아버지를 보았거늘 어
> 찌하여 아버지를 보이라 하느냐"(요14:9)

정말로 답답한 노릇이었습니다. 예수님께서 하고 싶으셨던 말은 이 것이었습니다. '나를 본 자는 아버지를 보았다.'

긴 이야기의 초점

아직도 정확하게 이해한 것으로 보이지 않는 제자들 앞에서 예수님 은 계속 말씀을 이어가셨습니다. 하지만 점입가경, 더 어려운 말투성 이었습니다.

"내가 아버지 안에 거하고 아버지는 내 안에 계신 것을 네가 믿지 아니하느냐 내가 너희에게 이르는 말은 스스로 하는 것이 아니 라 아버지께서 내 안에 계셔서 그의 일을 하시는 것이라"(요14:10)

"내가 아버지께 구하겠으니 그가 또 다른 보혜사를 너희에게 주 사 영원토록 너희와 함께 있게 하리니"(요14:16)

"그 날에는 내가 아버지 안에, 너희가 내 안에, 내가 너희 안에 있 는 것을 너희가 알리라"(요14:20)

제자들이 예수님의 말씀을 듣고 정확하게 이해하기는 힘들었을 것 입니다. 매우 혼란스러웠을 것으로 보입니다. 그래서 그런 것인지는 몰라도 예수님의 설명은 매우 길었습니다. 14장부터 시작된 예수님의 설명은 16장까지 이르기 때문입니다. 여기서 예수님이 처음 제자들에 게 하신 말씀을 언급할 필요가 있는데 하나님 나라로 돌아가는 것에 대한 이야기였습니다.

"너희는 마음에 근심하지 말라 하나님을 믿으니 또 나를 믿으라… 내가 너희를 위하여 거처를 예비하러 가노니 가서 너희를 위하여 거처를 예비하면 내가 다시 와서 너희를 내게로 영접하여 나 있는 곳에 너희도 있게 하리라"(요14:1-3)

16장까지 이어지는 긴 설명으로 제자들이 거의 다 이해한 것으로 판단한 예수님께서는 다시 처음 이야기를 반복하심으로 그동안의 긴 이야기의 초점이 무엇인지를 확인해 주셨습니다.

"내가 아버지에게서 나와 세상에 왔고 다시 세상을 떠나 아버지께로 가노라 하시니"(요16:28)

이제야 비로소 제자들은 예수님의 말씀이 무슨 뜻인지를 이해했다고 반응합니다.

"그제야 제자들이 '지금은 주님께서 조금도 비유를 쓰지 않으시고 정말 명백하게 말씀하시니 따로 여쭈어볼 필요도 없게 되었습니다. 이제 우리는 주님께서 모든 것을 다 알고 계신다는 것을 깨달았습니다. 그래서 우리는 주님께서 하나님께로부터 오신 분이심을 믿습니다.' 하고 말하였다."(공동번역/요16:29-30)

예수님은 말씀을 정리하신 후 마지막으로 하나님께 드리는 기도를 하셨습니다. 그것이 17장의 기록입니다. 그리고 겟세마네 동산으로 가셨습니다.

계시자와 계시된 자

그렇다면 왜 이렇게 긴 설명이 필요했던 것입니까? 먼저 예수님의 제자들은 모두 유대인이었다는 점을 잊지 말아야 합니다. 아직 예수님이 부활하시기 전이었으며 그들이 철저히 예수님을 메시야로 확신하고 있었다고 말할 수도 없기 때문입니다. 그런데 그들 모두에게는 어렸을 때부터 수없이 들었던 쉐마 명령이 가슴 깊이 박혀있었습니다.

> "이스라엘아 들으라 우리 하나님 여호와는 오직 유일한 여호와이
> 시니 너는 마음을 다하고 뜻을 다하고 힘을 다하여 네 하나님 여
> 호와를 사랑하라"(신6:4-5)

그들은 모두 절대적으로 유일신론을 믿는 사람들이었습니다. 그런데 예수님이 하나님과 예수 자신을 동일시하는 발언을 하신 것입니다. 이러한 예수님의 발언은 제자들만이 아니라 유일신론을 따르는 유대인들의 강력한 반대에 부딪힌 것은 당연한 일이었습니다. 사실 예수님을 죽이려고 했던 가장 강한 이유도 이 때문이었습니다.

> "그들을 주신 내 아버지는 만물보다 크시매 아무도 아버지 손에
> 서 빼앗을 수 없느니라 나와 아버지는 하나이니라 하신대 유대
> 인들이 다시 돌을 들어 치려 하거늘"(요10:29-31)

이미 예수님은 '나와 아버지는 하나이다'라는 말의 뜻을 부연하여 '아버지께서 내 안에 계시고 내가 아버지 안에 있다'(요10:38)라고 설명하셨습니다. 한 걸음 더 나아가 예수님은 하나님께서 자신의 이름을 말씀하실 때 표현하신 것처럼 "나는 스스로 있는 자"(출3:14)라는 표현을 예수님도 사용하셨습니다. 히브리어 성경을 헬라어로 번역한 칠십

인역에서 이 부분을 '에고 에이미'로 번역하였는데, 'I am'이라는 표현은 오로지 하나님을 말할 때 사용되는 것이었지만 주님은 '에고 에이미'라는 표현을 쓰셨습니다.

> "예수께서 이르시되 진실로 진실로 너희에게 이르노니 아브라함
> 이 나기 전부터 내가 있느니라(에고 에이미)"(요8:58)

예수님의 말씀은 분명 당신이 하나님과 동일하다는 주장이었습니다. 그렇다면 예수님은 제자들에게 어떻게 설득하고 계신 것입니까? 예수님은 빌립의 질문에 매우 중요한 말씀을 하셨습니다.

> "나를 본 자는 아버지를 보았거늘"(요14:9)

이후로 예수님의 설명은 하나님 아버지에 대한 설명이 아니라 자신에 대한 설명이었습니다. 가장 중요한 것은 예수님의 말씀과 행위는 모두 자신의 임의적인 얘기나 행위가 아니라 모두 아버지에게서 나온 것이라는 말씀이었습니다.

> "내가 너희에게 이르는 말은 스스로 하는 것이 아니라 아버지께
> 서 내 안에 계셔서 그의 일을 하시는 것이라"(요14:10)

예수님은 자신이 하는 일이 예사로운 일이 아니라 하나님만이 하실 수 있는 일이라는 것을 상기시키면서 그 일 때문에라도 자신을 믿으라고 말씀하십니다.

> "내가 아버지 안에 거하고 아버지께서 내 안에 계심을 믿으라 그
> 렇지 못하겠거든 행하는 그 일로 말미암아 나를 믿으라"(요14:11)

우리의 믿음을 위하여

17장까지 이어진 예수님의 긴 담화가 끝난 후에 18장부터는 예수님의 수난과 십자가 그리고 부활 이야기가 20장까지 이루어집니다. 그런데 다른 복음서와 달리 20장, 21장에서 요한은 예수님의 부활하신 후의 행적을 자세히 기록하고 있습니다. 사실 이미 믿고 있는 제자들의 모습을 본다면 이제 예수의 지상사역은 다 마친 것이라 할 수 있습니다. 하지만 주님이 부활하신 후 찾아오신 이유는 놀랍게도 제자들이 부활 소식을 듣고도 믿지 않기 때문이었습니다. 그래서 찾아오신 이유이고 여전히 믿지 못하는 도마를 위해 찾아오신 것입니다.

> "도마에게 이르시되 네 손가락을 이리 내밀어 내 손을 보고 네 손
> 을 내밀어 내 옆구리에 넣어 보라 그리하여 믿음 없는 자가 되지
> 말고 믿는 자가 되라"(요20:27)

오직 제자들이 믿을 수 있게 하기 위함이었습니다. 실제로 요한복음을 기록한 이유가 우리로 하여금 믿게 하기 위함이라고 요한은 밝힙니다.

> "예수께서 제자들 앞에서 이 책에 기록되지 아니한 다른 표적도
> 많이 행하셨으나 오직 이것을 기록함은 너희로 예수께서 하나님
> 의 아들 그리스도이심을 믿게 하려 함이요 또 너희로 믿고 그 이
> 름을 힘입어 생명을 얻게 하려 함이니라"(요20:30-31)

그러므로 우리가 예수를 주로 믿고 있는 것은 놀라운 일입니다. 이미 우리는 하나님의 일을 다 이룬 것이기 때문입니다. 믿음으로 우리가 구원받는 것이 하나님의 일이시기 때문입니다.

"예수께서 대답하여 이르시되 하나님께서 보내신 이를 믿는 것이
하나님의 일이니라"(요6:29)

부록이 말하는 것

요한복음의 내용상 이 책의 결론은 20장까지입니다. 그런데 21장이
있다는 사실이 놀랍습니다. 놀랍게도 21장에는 고기를 잡으러 떠난 제
자들이 있던 디베랴 바다에 나타나신 예수님의 이야기, 특히 153마리
고기를 구체적으로 적시한 장면이나 예수님이 제자들을 위해 숯불에
고기를 구으시고 함께 먹으시는 장면은 '정말 부활하신 예수님이 맞
을까?' 의문이 들 정도의 내용입니다.

요한은 매우 인간적인 예수님의 모습을 강조하였습니다. 그의 눈에
는 그것이 중요하였던 것으로 보입니다. 마지막까지 제자들의 처지를
이해하고 참고 기다리실뿐 아니라 우리의 처지로 내려오셔서 우리의
입장에서 행동하시는 모습은 감동적인데, 바로 조반 먹은 후 있었던
베드로와의 아름다운 대화입니다. 그것은 성육신의 더욱 구체화된 표
현이었습니다. 요한복음 1장에 나오는 '말씀이 육신이 되다'의 실현이
었습니다.